눈앞에 벌어지는 실제상황을, 보이는 대로 시뮬레이션하라!

1인칭시점
영어회화 트레이닝

번역 박지용

서강대학교에서 영미문화와 일본학을 전공했다. 일본 요코하마에 있는 환경 벤처기업의 인턴을 거쳐 한국
대기업의 해외영업팀에서 근무했고, 현재는 통번역 작업에 몰두하고 있다.

1인칭시점
영어회화 트레이닝
일상생활편

지은이 Nobu Yamada
일러스트 Kajio
펴낸이 정규도
펴낸곳 (주)다락원

초판 1쇄 발행 2019년 4월 2일

책임편집 유나래, 장의연
디자인 All Contents Group

DARAKWON 경기도 파주시 문발로 211
내용문의 (02) 736-2031 내선 523
구입문의 (02)736-2031 내선 250~252
Fax (02) 732-2037
출판 등록 1977년 9월 16일 제406-2008-000007호

값 11,800원
ISBN 978-89-277-0109-5 13740

Edemitepattoiu Eikaiwatraining Kisohen
© Nobu Yamada 2011
First published in Japan 2011 by Gakken Plus Co., Ltd., Tokyo
Korean translation rights arranged with Gakken Plus Co., Ltd.
through Imprima Korea Agency

http://www.darakwon.co.kr
다락원 홈페이지를 방문하시면 상세한 출판정보와 함께 동영상 강좌, MP3자료 등 다양한 어학 정보를 얻으실 수 있습니다.

눈앞에 벌어지는 실제상황을, 보이는 대로 시뮬레이션하라!

1인칭시점
영어회화 트레이닝

Nobu Yamada illustration **Kajio**

일상생활편
DAILY LIFE

DARAKWON

'1인칭 시점 영어회화 트레이닝'이란?
First-person View Speaking Training

Q 영어회화, 왜 어려운가?

A 회화란, 대화한다는 뜻인걸 모르는 사람은 없다. 하지만 우리는 회화를 텍스트 위주로, 그것도 '혼자서' 중얼거리며 공부한다. 그러니 '자신이 하고 싶은 말을 하기 위한', '상대방과 의사소통을 하기 위한' 영어에는 약할 수밖에 없는 것이다. 물론 영어를 정확하게 사용하려면 문법 규칙과 표현을 암기하고, 어려운 퍼즐과도 같은 공식(=구문)도 알아야 한다. 하지만 그것만으로는 다른 사람과 대화하기 위한 스피킹 회로가 충분히 자라날 수 없다. 영어를 공부하는 궁극적인 목표는 결국 '**상대방과 의사소통하기**'이므로 자신이 하고 싶은 말을 영어로 전달하는 훈련이 필요하다.

Q 어떻게 영어회화를 공부하면 좋을까?

A 필요한 상황에서 바로 떠오르는 문장을 말할 수 있어야 한다. 그래서 이 책에서는 〈그림을 보고 **바로 말하는 1인칭 시점 영어회화 트레이닝**〉 방식을 활용하고 있다. 이 책의 가장 큰 특징은 바로 1인칭 시점의 그림이다. **자신이 비디오 카메라를 들고 있는 듯한 1인칭 시점의 그림**을 보면서, 상대방이 바로 눈앞에 있는 것처럼 생생하게 말하기 연습을 할 수 있다. 실제 상황을 마치 게임처럼 시뮬레이션하는 것이다. 대화의 주인공은 바로 '나'다. 그림을 보고 실제로 내 앞에 벌어지고 있는 일이라고 상상하면서 말해 보자. 이런 식으로 반복해서 연습하면 단순히 텍스트만 읽으면서 공부하는 것보다 훨씬 자연스럽게 영어 표현이 입에서 튀어 나올 수 있다.

Q 어떤 소재로 공부하면 좋을까?

A 우리가 영어를 가장 많이 쓰는 상황은 '일상생활'과 '해외여행'일 것이다. 따라서 '1인칭 시점 영어회화 트레이닝' 방식을 적용해 〈일상생활편〉과 〈해외여행편〉, 두 권을 준비했다. 〈일상생활편〉에서는 자기 소개할 때, 인사할 때, 고마움을 표시할 때 등 일상생활에서 쓰는 기본적인 영어 표현을 제시했으며, 〈해외여행편〉에서는 기내식 먹을 때, 택시 탈 때, 쇼핑할 때 등 실제 해외여행에 갔을 때 부딪힐 수 있는 다양한 장면에서 쓰는 영어 표현을 모았다. 이 두 권을 마스터하면 일상생활에서나 해외여행 갈 때 필요한 표현들이 자연스럽게 머리에 입력될 것이다.

Q 영어로 말할 때는 어떤 점에 주의해야 할까?

A 중요한 것은 자연스러운 영어를 쓰는 것이다. 예를 들어 가게의 문 닫는 시간을 물어볼 때 한국어로는 '몇 시까지 하세요?'가 자연스러운 표현이지만, 영어에서는 What time do you close?(당신은 몇 시에 문을 닫나요?)라고 물어본다. 이 책에서는 모든 문장을 자연스러운 구어체로 표현했다. 말풍선 안에 있는 한국어도 구어체로, 주어 같은 것은 빠져 있는 경우가 많다. 이것은 이 책이 목표로 하는 능력이 '한국어를 한 단어씩 정확히 영작하기'가 아니기 때문이다. 이 책이 지향하는 바는 **'상황을 보고 장면에 맞게 주어와 동사를 골라 자연스러운 영어 문장을 구성하는 능력을 기르는 것'**이다. 따라서 한국어를 단어 하나하나 직역하려고 하지 말고 자연스러운 한국어와 영어의 차이에 신경 쓰면서 문장을 만들어 보자. '영어로는 이렇게 간단하게 말해도 되는구나!' 하는 깨달음도 생길 것이다. 이 책을 통해 영어로 하고 싶은 말을 할 수 있는 즐거움, 사람들과 영어로 대화하는 기쁨을 누리길 바란다.

그림을 보고 시뮬레이션하라

STEP 1 그림을 보면서 실제 상황이라고 생각하고 해당되는 영어 문장을 말해 본다.

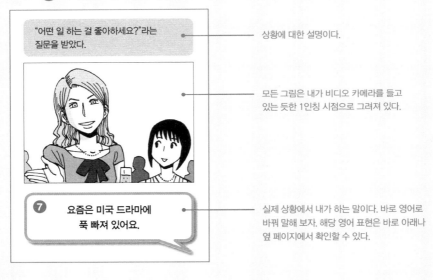

"어떤 일 하는 걸 좋아하세요?"라는 질문을 받았다.

— 상황에 대한 설명이다.

— 모든 그림은 내가 비디오 카메라를 들고 있는 듯한 1인칭 시점으로 그려져 있다.

❼ 요즘은 미국 드라마에 푹 빠져 있어요.

— 실제 상황에서 내가 하는 말이다. 바로 영어로 바꿔 말해 보자. 해당 영어 표현은 바로 아래나 옆 페이지에서 확인할 수 있다.

STEP 2 영어로 뭐라고 하는지 확인한 후, 해설을 보면서 관련 표현도 함께 익힌다.

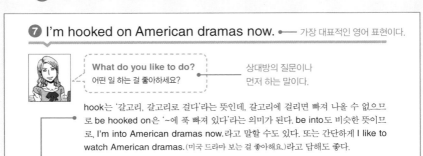

❼ I'm hooked on American dramas now. —— 가장 대표적인 영어 표현이다.

What do you like to do?
어떤 일 하는 걸 좋아하세요?

상대방의 질문이나 먼저 하는 말이다.

hook는 '갈고리, 갈고리로 걸다'라는 뜻인데, 갈고리에 걸리면 빠져 나올 수 없으므로 be hooked on은 '~에 푹 빠져 있다'라는 의미가 된다. be into도 비슷한 뜻이므로, I'm into American dramas now.라고 말할 수도 있다. 또는 간단하게 I like to watch American dramas.(미국 드라마 보는 걸 좋아해요.)라고 답해도 좋다.

— 문장에 대한 해설이다. 다양하게 말하는 방법을 함께 제시했으며 관련 표현도 익힐 수 있다.

STEP 3　특별부록에서 그림을 보면서 복습한다.

상대방의 질문은 그림 속
말풍선 속에 들어 있다.

힌트를 보고 빈칸에 들어갈 알맞은
표현을 생각해서 말해 보자.

▶ 요즘은 미국 드라마에 푹 빠져 있어요.

📢 1인칭시점 MP3 사용법

보다 효과적인 학습을 위해 〈들어보기〉, 〈통역하기〉, 〈훈련하기〉의 3가지 버전 MP3를 제공한다. 책에 나온 QR코드를 찍으면 원어민의 생생한 발음을 들을 수 있는 MP3를 바로 이용할 수 있다. 모든 파일은 다락원 홈페이지(darakwon.co.kr)에서도 무료로 다운받을 수 있다.

1. **들어보기** 책에 나오는 영어 문장을 해석 없이 그대로 읽어 준다. 맨 처음에 공부하면서 원어 민이 어떻게 발음하는지 궁금할 때 활용하자.
2. **통역하기** 한국어 문장을 먼저 읽고 3~4초 후에 영어 문장을 읽어 준다. 한국어를 듣고 영어 로 바꿔 말하는 연습을 해 보자.
3. **훈련하기** 특별부록 '일상대화가 만만해지는 미션 트레이닝'을 연습하면서 활용할 수 있는 MP3이다. 상대의 질문에 대답하는 상황에서는 말풍선 속에 들어간 상대의 발언을 먼저 들려 준다.

목차
CONTENTS

처음 만났을 때

Meeting Someone for the First Time

>>> 미션

📢 사람을 처음 만나는 자리는
항상 긴장되기 마련이다.
처음으로 만나는 사람에게
인사를 건네고 자기 소개를 하라!

>>> 미션 표현   먼저 관련 표현을 챙겨라

☐ 만나다 **meet**

☐ 소개하다 **introduce**

☐ 일하다 **work**

☐ ~이라고 부르다 **call**

☐ 말하다 **talk**

☐ 즐거운 시간을 보내다 **enjoy**

☐ 친구 **friend**

☐ 직장동료 **colleague**

☐ 부서 **department**

☐ ~씨 (남자) **Mr.**

☐ ~씨 (여자) **Ms.**

☐ ~씨 (기혼 여자) **Mrs.**

☐ ~씨 (미혼 여자) **Miss**

☐ 이름 **name**

처음 만나는 거래처 직원을 공항으로
마중 나왔다.

그동안 업무 메일만 주고받았던 뉴욕 지사
마이클 씨를 처음으로 만났다.

❶
안녕하세요.
잘 부탁 드립니다.

❷
드디어 만나 뵙게 되네요.

❶ Hi. Nice to meet you.

영어에서는 손윗사람이라도 처음 만났을 때 Hi.라고 간단히 인사를 건넬 수 있다. '잘
부탁 드립니다'에 해당하는 표현은 없으니 '만나서 반갑습니다'라는 뜻의 (It's) Nice
to meet you.로 말해 보자. 그밖에도 (I'm) Glad to meet you. / (I'm) Pleased to
meet you. / It's a pleasure to meet you.를 쓸 수 있다.

❷ It's nice to finally meet you.

'만나서 반갑습니다'를 뜻하는 It's nice to meet you.에 '드디어'라는 의미의 finally
를 넣어 말해 보자. It's nice to finally meet you, Mr. Miller.처럼 소개받은 사람의
이름을 뒤에 붙여 말하면 좀 더 친근한 느낌을 준다. '직접'이란 뜻의 in person을 넣
어 It's nice to finally meet you in person.이라고 말해도 좋다.

파티에서 만난 사람과 이야기가 이어지다 보니 내 이름을 소개할 타이밍을 놓쳤다.

3 그건 그렇고,
저는 세나라고 합니다.

마침 내 쪽으로 온 직장 선배를 소개해 주자.

4 이쪽은 이 씨입니다.
저와 같은 부서 선배예요.

길을 가다가 직장동료 수미 씨의 외국인 남자친구와 처음으로 만났다.

5 저는 세나예요. 수미 씨와
같은 회사에 다니고 있어요.

B O N U S +

친구 지나가 귀에 닳도록 이야기한 미국인 친구를 드디어 만났다.

Jina has told me a lot about you.
지나한테 이야기 많이 들었어요.

12

❸ By the way, I'm Sena.

이야기하는 도중에 '그런데', '그건 그렇고'라고 화제를 바꿀 때는 By the way라는 표현을 쓴다. 한편 자신의 이름을 밝힐 때는 My name is ~.(제 이름은 ~입니다.)라고 해도 되지만, 간단하게 I'm ~.(저는 ~입니다.)으로 말해도 좋다. 전체 이름(full name)을 밝히고 싶다면, 서양에서는 이름 다음에 성이 오므로 I'm Sena Kim.(저는 김세나라고 합니다.)처럼 말해 보자.

❹ This is Ms. Lee. We work in the same department.

'이쪽은 ~입니다'라고 상대방에게 다른 사람을 소개할 때는 'This is + 사람 이름.'으로 말해 보자. 영어에서는 직장이나 학교에서도 선배, 후배를 딱히 구별해서 말하지 않으므로 '저와 같은 부서 선배예요'는 '우리는 같은 부서에서 일하고 있어요'라고만 해도 충분하다. '(조직의) 부서', '~부'는 department라고 한다. 예를 들어 '영업부'는 Sales Department, '경리부'는 Accounting Department이다.

❺ I'm Sena. I work with Sumi.

'같은 회사에 다니고 있어요'는 어렵게 생각하지 말고 '~와 함께 일하다'란 뜻의 work with를 활용해 '수미 씨와 함께 일해요'라고 말하면 된다. 영어에서는 이름(first name)에는 호칭을 붙이지 않으므로, '수미 씨'는 그냥 Sumi라고 말하면 된다.

≫≫ **미션 힌트** '○○씨'를 영어로는 뭐라고 할까

영어에서는 '○○씨'를 나타내는 호칭이 성별에 따라 다르다. 남자는 성(family name)이나 전체 이름(full name) 앞에 Mr.를 붙여서 Mr. Kim(김 씨) 또는 Mr. Jinsu Kim(김진수 씨)이라고 하면 된다. 여자를 부르는 호칭은 다소 복잡한데 결혼한 여자에게는 Mrs. 미혼인 여자에게는 Miss를 쓴다. 한편 결혼 여부를 잘 모를 때나 딱히 밝히고 싶지 않을 때는 Ms.라고만 해도 충분하다. 이때 이들 표현 뒤에는 Mr. Jinsu 또는 Ms. Sumi처럼 이름(first name)만 쓰면 안 되므로 주의하자.

수미 씨의 남자친구가 "평소에 이야기 많이 들었어요"라고 인사를 건넨다.

6 좋은 이야기였으면 좋겠네요.

걷기 동호회에서 처음 만난 사람들과 뒤풀이를 끝내고 이제 헤어지려고 한다.

7 만나서 반가웠어요.

잠깐 이야기를 나눈 외국인 관광객과 헤어지면서 인사를 건네자.

8 이야기 나눠서 즐거웠어요. 잘 가요.

외국인 관광객에게 지하철 역으로 가는 길을 알려 주고 헤어지면서 한마디!

9 한국에서 즐거운 시간 보내세요!

❻ All good, I hope.

> **I've heard a lot about you.**
> 평소에 이야기 많이 들었어요.

상대방이 나에 대한 이야기를 많이 들었다는 뜻의 I've heard a lot about you. 또는 ~ has told me a lot about you.라고 말하면 살짝 위트를 섞어 '(들은 이야기가) 좋은 이야기만 있었으면 좋겠다'라는 의미로 All good, I hope. 또는 Only good things, I hope.라고 답하면 된다.

❼ It was nice meeting you.

'만나서 반갑습니다'는 (It is) nice to meet you.라고 하지만, 헤어지면서 '만나서 반가웠습니다'라고 할 때는 과거시제를 써서 It was nice meeting you.라고 한다. It was는 생략하고 Nice meeting you.라고만 해도 된다. 좀 더 정중하게 말할 때는 '기쁨'을 뜻하는 pleasure를 사용해 It was a pleasure meeting you.라고도 한다.

❽ It was nice talking to you. Take care.

잠시 이야기를 나눈 사람과 헤어질 때는 It was nice talking to you.라고 인사할 수 있다. talk to가 '~와 이야기하다'란 뜻이다. 한편 Take care.는 직역하면 '조심하세요, 주의하세요'란 의미인데, 헤어질 때 '몸 조심하세요, 잘 가요'란 뜻의 작별인사로 많이 쓰는 표현이다. 간단히 Bye.라고 작별인사를 건네도 좋다.

❾ Enjoy your stay in Korea!

Enjoy ~!는 '~을 즐겁게 보내세요'라는 뜻으로, 상대방이 떠날 때 흔히 건네는 인사말이다. 예를 들어 저녁식사를 하러 가는 친구에게 Enjoy your dinner!(저녁식사 맛있게 해!), 휴가를 떠나는 친구에게 Enjoy your vacation!(즐거운 휴가 보내!)이라고 말할 수 있다. 형태는 명령문이지만 친구뿐 아니라 처음 만난 사람에게 써도 괜찮다. stay는 '체류 (기간)'이라는 뜻이므로 Enjoy your stay in ~!이라고 하면 '~에서 즐거운 시간 보내세요!'라는 의미가 된다.

---

① 저는 세훈이라고 합니다.
샘이라고 불러 주세요.

외국 사람들이 내 이름을 발음하기 어려워
하니 영어 이름도 같이 알려 주자.

① I'm Sehun. Just call me Sam.

외국인이 기억하거나 발음하기 어려운 이름이
라면 이와 같이 말하기 쉬운 애칭으로 불러 달
라고 해도 좋다. Just call me ~.는 '그냥 ~이
라고 부르세요'라는 뜻인데, You can call me ~.
라고 해도 된다.

---

② 저야말로 만나서
반갑습니다, 브라운 씨.

거래처에서 처음 만난 브라운 씨가 만나서
반갑다고 인사를 하는데 뭐라고 대답하지?

② Nice to meet you too, Ms. Brown.

외국인: Nice to meet you, Mr. Kim.
　　　만나서 반갑습니다. 김 씨.

상대방이 Nice to meet you.라고 인사를 건넸
다면 '~도, ~역시'를 뜻하는 too를 붙여 그대로
Nice to meet you too.라고 대답하면 된다. 간
단하게 Same here. 또는 Likewise.라고 답해
도 좋다.

---

③ 정말 만나 뵙고 싶었어요.

친구한테 이야기만 들었던 유명한 사람과
드디어 만나게 되었다.

③ I've been looking forward to meeting you.

이 문장을 직역하면 '당신을 만나기를 계속 기
대하고 있었습니다'란 뜻이다. 'look forward to
+ 동사ing'는 '~하기를 기대하다'란 뜻이며, 현
재완료 진행형 'have been + 동사ing'로 말하
면 '(이전부터 지금까지) 계속 ~하고 있었다'라는
의미가 된다.

④ 죄송하지만 성함을
한 번 더 알려 주시겠어요?

아차, 거래처 직원이 자기 이름을 말했는데
잘 알아듣지 못했다.

④ I'm sorry. May I have your name again, please?

What's your name?은 너무 대놓고 이름을
물어보는 문장이다. 격의 없는 사이가 아니라
면 May[Can] I have ~?를 써서 정중하게 물
어보는 것이 좋다. Sorry. I didn't catch your
name.(죄송한데 이름을 잘 못 알아들었어요.)이라
는 표현도 자주 쓴다.

⑤ 제 아내를
소개해 드릴게요.

마트에서 우연히 마주친 직장동료에게 내
아내를 소개하자.

⑤ I'd like you to meet my wife.

'I'd like you to + 동사'는 '당신이 ~하면 좋겠
다'라는 뜻인데, 격식을 갖춰 다른 사람을 소개
할 때는 I'd like you to meet ~.라고 말한다.
meet에는 '만나다, 소개받다'란 뜻이 있다.

⑥ 이쪽은 제 친구
진수입니다.

주말에 친구랑 같이 놀다가 직장동료를
만났다. 내 친구를 소개해 주자.

⑥ This is my friend Jinsu.

같이 있는 친구를 소개할 때는 This is my
friend ~.(이쪽은 제 친구 ~입니다.)로 말해 보자.
소개하는 친구에 대하여 좀 더 설명을 덧붙이려
면 Jinsu is ~.처럼 이름을 사용해 말해야 한다.
본인 앞에서 He is ~.나 She is ~.라고 말하면
실례가 될 수도 있다.

서로 알아갈 때

Getting to Know Each Other

>>> 미션

📣 처음 만나는 사람에게 나의 직업이나 취미를 소개하고, 상대방에 대해서도 궁금한 점을 질문하면서 서로 친해져라!

>>> 미션 표현 먼저 직업과 관련된 표현을 챙겨라

☐ 제빵사 **baker**

☐ 계산원 **cashier**

☐ 요리사 **cook**

☐ 디자이너 **designer**

☐ 의사 **doctor**

☐ 기술자 **engineer**

☐ 소방관 **firefighter**

☐ 변호사 **lawyer**

☐ 간호사 **nurse**

☐ 사무원 **office worker**

☐ 배관기사 **plumber**

☐ 경찰관 **police officer**

☐ 택시 [버스] 운전사 **taxi [bus] driver**

☐ 교사 **teacher**

> 친구 수진이가 소개해 준 외국 사람에게 말을 걸어 보자.

> 어느 나라 사람인지 궁금한걸.

❶ 수진이와는 어떻게 알게 된 사이에요?

❷ 어디에서 오셨어요?

❶ How do you know Sujin?

'어떻게 알게 된 사이에요?'는 '어떻게 (해서) 알게 되었어요?'와 같은 뜻이므로 how 와 know를 활용해 물어보자. 사람뿐만 아니라 사물에 대해서 '~을 어떻게 알고 있나 요?'라고 물을 때도 How do you know ~?를 쓴다. '서로 어떻게 알게 된 사이인가 요?'는 How do you know each other?라고 한다.

❷ May I ask where you're from?

어느 나라에서 왔는지 물어볼 때는 Where are you from?(어디 출신이세요?)이라 고 해도 되지만 May I ask ~?(~을 여쭤봐도 될까요?) 형태로 물어보면 좀 더 정중하 게 물을 수 있다. 이름을 물어볼 때도 What's your name?보다는 May I ask your name?이라고 하는 것이 더 정중한 표현이다.

호주(Australia) 출신이라는데, 몇 년 전에
여행으로 가 본 적이 있다.

한국은 일 때문에 왔을까?
아니면 여행이나 유학으로 왔을까?

③ 호주 어디에서 오셨는데요?

④ 한국에는 어떤 일로 오셨어요?

내게 무슨 일을 하냐고 물어본다.
앗, 혹시 나한테 관심 있나?

B O N U S +

처음 만난 사람에게 직업에 대한 질문을
받았다.

I'm a homemaker.
저는 전업주부입니다.

⑤ 자동차 회사에 다녀요.

❸ Where in Australia?

> **I'm from Australia.** 호주에서 왔어요.

상대방이 정확히 그 나라의 어느 지역에서 왔는지 궁금할 때는 Where in ~ are you from?이라고 물어볼 수 있는데, 뒤의 are you from은 생략해도 좋다. **Where in Seoul?**(서울 어디요?)처럼 도시 이름을 넣어 물어볼 수도 있다. 또는 **What part?**(어느 지역이요?)라고 해도 좋다.

❹ What brought you to Korea?

why(왜)를 써서 Why did you come to Korea?라고 하면 '왜 한국에 왔는데요?' 하고 따져 묻는 듯한 느낌을 준다. 이럴 때는 bring(가져오다, 데려오다)의 과거형 brought를 써서 '무엇이 당신을 한국으로 데려왔나요?'처럼 물어보면 정중한 표현이 된다.

❺ I work at a car company.

> **What do you do?** 무슨 일을 하세요?

일반적으로 직업은 What do you do?라고 묻는다. 상대방에게 이런 질문을 받았다면 **I work at ~.**(~에서 일하고 있어요.)으로 다니고 있는 직장 종류를 말하거나 **I'm a teacher.**(교사입니다.)처럼 내 직업이 뭔지 알려 주면 된다. 참고로 '은퇴했습니다'는 **I'm retired.**라고 한다.

>>> 미션 힌트　내 직업을 소개할 때는 뭐라고 할까

영어로 자기 직업을 소개할 때는 I'm a[an] + 직업명. / I work at + 직장 종류. / I'm in the + 직업 분야. 등의 패턴을 활용해서 말할 수 있다.

☐ 컴퓨터 프로그래머입니다. **I'm a computer programmer.**
☐ 우체국에서 일합니다. **I work at a post office.**
☐ 무역업에 종사하고 있습니다. **I'm in the trading business.**

이 사람에 대해서 좀 더 자세히 알고 싶다.
이번에는 취미가 뭔지 물어봐야지.

"어떤 일 하는 걸 좋아하세요?"라는
질문을 받았다.

⑥　취미가 뭐예요?

⑦　요즘은 미국 드라마에
　　푹 빠져 있어요.

내 직업이 뭔지 물어본다. 알려 주고 이
사람 직업도 물어봐야지.

파티에서 피아노를 연주해 준 사람에게
말을 걸어 보자.

⑧　전 교사예요. 그쪽 분은요?

⑨　피아노는 언제부터
　　배우셨어요?

⑥ What do you do in your free time?

취미를 물어볼 때 What's your hobby?라고 하는 경우가 많은데, hobby는 동전 수집이나 정원 가꾸기처럼 시간을 많이 투자해서 전문적으로 즐기는 취미를 뜻한다. 너무 격식을 차리는 느낌이라 일상적인 대화에서는 이렇게 잘 물어보지 않는다. 가볍게 즐기는 취미 활동을 물어볼 때는 위 문장처럼 '여가 시간에는 무엇을 하시나요?'라고 한다.

⑦ I'm hooked on American dramas now.

> **What do you like to do?**
> 어떤 일 하는 걸 좋아하세요?

hook는 '갈고리, 갈고리로 걸다'라는 뜻인데, 갈고리에 걸리면 빠져 나올 수 없으므로 be hooked on은 '~에 푹 빠져 있다'라는 의미가 된다. be into도 비슷한 뜻이므로, I'm into American dramas now.라고 말할 수도 있다. 또는 간단하게 I like to watch American dramas.(미국 드라마 보는 걸 좋아해요.)라고 답해도 좋다.

⑧ I'm a teacher. How about you?

> **What do you do?**
> 무슨 일 하세요?

How about you?는 '당신은 어떠신가요?'라는 의미로, 상대방에게 받았던 질문을 그대로 되돌려서 물어볼 때 쓰는 표현이다.

⑨ When did you start learning the piano?

'언제부터 ~했나요?'라고 할 때는 '언제 ~하기 시작했나요?'라는 뜻의 'When did you start + 동사ing?'를 쓰자. 예를 들어 '한국어는 언제부터 배우셨어요?'는 When did you start learning Korean?이라고 한다.

대학생이라는데 나이가 좀 있어 보인다.

자기 소개를 하고 나니 딱히 할 이야기가 없는데 가족에 대해서나 물어보자.

⑩ 지금 몇 학년이에요?

⑪ 형제나 자매 있어요?

"가족과 함께 사세요?"라는 질문을 받았다.

B O N U S +

형제나 자매가 있냐는 질문을 받았다.

No, I'm an only child.
아뇨, 저는 외동이에요.

⑫ 서울에서 혼자 살고 있어요.

⑩ What year are you in?

'학년'은 영어로 year라고 하며, '몇 학년이에요?'는 What[Which] year are you in?이라고 물어본다. 대학교의 각 학년별 호칭을 살펴보면 1학년은 freshman, 2학년은 sophomore, 3학년은 junior, 4학년은 senior라고 한다. '대학교 1학년입니다'라고 답할 때는 I'm a freshman. 또는 I'm in my first year.라고 하면 된다.

⑪ Do you have any brothers or sisters?

딱히 화제가 없을 때는 가족에 관한 이야기가 제일 만만하다. Do you have any ~? 를 활용해 '~이 있나요?'라고 물어볼 수 있다. '형제'는 brothers, '자매'는 sisters이다. 참고로 위의 질문에 답할 때는 Yes, I have an older brother.(형·오빠가 있어요.)처럼 답하거나 No, I'm an only child.(아니, 난 외동이야.)라고 답할 수 있다.

⑫ I live by myself in Seoul.

Do you live with your family?
가족과 함께 사세요?

'혼자'는 by myself 또는 on my own이라고 한다. '부모님과 같이 살고 있어요'는 I live with my parents.라고 하며 '친구와 같이 살고 있어요'는 I live with my friend.라고 답한다. '부산에서 태어났지만 대학 때문에 이곳으로 이사했어요'라고 하려면 I was born in Busan, but I came here for college.라고 말하면 된다.

>>> 미션 힌트　외국인에게 이런 질문은 피하자

사람을 사귈 때 한국에서는 흔히 던지는 질문이지만 서양에서는 불쾌하게 여기는 질문이 몇 개 있다. 가장 대표적인 것 중 하나가 바로 결혼 여부에 관한 질문이다. Are you married?(결혼하셨어요?) 또는 Are you single?(미혼이세요?)처럼 개인적인 것을 묻는 질문은 무례하게 여겨질 수 있으니 주의하자. 또 나이를 중시하는 한국 사람들은 무심코 How old are you?(몇 살이세요?)라는 질문도 자주 하는데, 나이를 묻는 것도 실례다. 이밖에도 종교나 정치적 성향처럼 개인적인 신념을 묻는 질문도 피하도록 하자.

1 직업이 어떻게 되세요?

댄스 동호회에서 만난 남자의 직업을 물어 보자.

❶ What do you do for a living?

직업을 물을 때 What's your job[occupation]? 이라고 하면 마치 입국심사대에서 딱딱하게 심문하는 것 같은 인상을 준다. 상대방의 직업은 '(생계를 위해) 무슨 일을 하세요?'라는 의미인 What do you do (for a living)?이라고 물어보자. 여기서 for a living은 생략 가능하다.

2 식당에서 아르바이트를 하고 있어요.

이번에는 내가 무슨 일을 하는지 질문을 받았다.

❷ I work part time at a restaurant.

외국인: What do you do?
　　　무슨 일을 하세요?

'아르바이트'는 독일어에서 온 말로, 영어로는 part-time job이라고 한다. I have a part-time job at a restaurant.라고 해도 되고, '아르바이트를 하다'라는 뜻의 work part time을 활용해 위처럼 말해도 좋다.

3 결혼하셨어요?

이 남자가 참 맘에 든다. 작업 걸기 전에 미혼이 맞는지 먼저 확인하자.

❸ Are you married?

한국에서는 결혼했냐는 질문을 흔히 하지만 서양에서는 이와 같은 질문을 불쾌하게 여기는 사람이 많다. 어느 정도 친해진 후에 부적절하지 않은지를 신중히 생각해서 물어보자. '전 결혼했어요.'는 I'm married.이며, 반대로 '결혼 안했어요.'는 I'm single.이라고 한다.

④ 전공이 뭐예요?

한국 대학에 교환 학생으로 온 외국인에게 전공이 뭔지 물어보자.

④ What's your major?

'전공'은 major라고 한다. '~을 전공하다'라는 뜻의 major in을 활용해 What are you majoring in?이라고 물어봐도 좋다. 참고로 미국 대학도 한국과 마찬가지로 두 개의 전공 과정을 이수할 수 있는 경우가 있는데 이를 double major(복수전공)라고 한다.

⑤ 저는 경영학을 전공하고 있어요.

내가 전공하는 과목이 뭔지도 알려 주자.

⑤ I'm majoring in Business.

My major is ~.(내 전공은 ~입니다.) 또는 I'm majoring in ~.(~을 전공하고 있어요.)으로 무엇을 전공하고 있는지 이야기할 수 있다. History(사학), Economics(경제학), Biology(생물학), Chemistry(화학), Psychology(심리학), Sociology(사회학) 등의 전공 과목을 넣어 말하면 된다.

⑥ 별자리가 뭐예요?

영어권에서는 별자리 이야기에 관심이 많다는데 한번 물어나 볼까?

⑥ What's your sign?

한국에서는 혈액형에 따라 성격이 좌우된다는 미신이 있는데, 영어권에서는 생일에 따른 12궁의 별자리에 따라 성격이 결정된다는 미신이 있다. '별자리'는 (star) sign이라고 한다.

인사를 나눌 때
Saying Hello or Goodbye

>>> 미션

🎬 매일 반복되는 생활 속에서 주고받는 인사는 더욱 친밀한 관계를 만들어 준다. 아는 사람과 만나고 헤어질 때 인사를 건네라!

>>> 미션 표현 먼저 일상적으로 인사할 때 쓰는 표현을 챙겨라

☐ 안녕하세요. **Hi. / Hello.**

☐ 안녕하세요. (오전에 만났을 때) **Good morning.**

☐ 안녕하세요. (오후에 만났을 때) **Good afternoon.**

☐ 안녕하세요. (저녁에 만났을 때) **Good evening.**

☐ 안녕히 가세요[계세요]. (저녁에 헤어질 때) **Good night.**

☐ 안녕히 가세요[계세요]. **Bye.**

거래를 하고 있는 고객사를 방문했다.
지점장님에게 인사를 하자.

지난달에 동호회에서 알게 된 사람과 마주
쳤는데, 또 만나서 반갑다고 인사를 건넨다.

① 안녕하세요.
잘 지내셨습니까?

② 나도 만나서 반가워.
잘 지냈어?

❶ Hi. How are you?

거래처의 높은 사람을 만났을 때도 먼저 Hi.라고 말한 다음 안부를 묻는 인사를 건
네면 된다. How are you?는 가장 가볍게 안부를 묻는 말인데 '잘 지내셨어요?', '요
즘 어떻게 지내세요?' 하고 물어볼 때는 How are you doing? / How's it going? /
How's everything (going)?이라는 표현도 많이 사용한다.

❷ Nice to see you, too. How are you doing?

Nice to see you again. 다시 만나서 반가워.

(It's) Nice to see you again.은 예전에 만났던 사람과 다시 만났을 때 쓰는 인사말
로, 여기에 답할 때는 Nice to see you, too.라고 하면 된다. meet는 '(처음으로) 만
나다'라는 뜻이므로 Nice to meet you again.이라고는 쓰지 않도록 주의하자. 이
뒤에 How are you doing?이나 How have you been?을 써서 말을 이어가 보자.

영어 학원 선생님이 내게 잘 지내냐고 인사를 건넨다.

❸ 안녕하세요, 밀러 선생님.
저는 잘 지내요. 선생님은요?

선생님의 머리 스타일이 많이 바뀌었네?

❹ 머리 자르셨어요?

2년 만에 한국에 놀러 온 친구를 만났다.

❺ 오랜만이야. 잘 지냈어?

학교에 가는 길에 친한 친구를 만났는데 잘 지내냐고 말을 걸어 왔다.

❻ 별일 없어.

30

❸ Hi, Ms. Miller. I'm doing good. How are you?

> **Hi, Jinsu. How are you doing?**
> 안녕하세요, 진수. 잘 지내요?

상대방이 안부를 물을 때 '잘 지내요'라고 답하려면 학교에서 배운 I'm fine.도 괜찮긴 하지만 약간 데면데면한 인상을 준다. 이때는 I'm doing good. / Pretty good. / Not bad. / Not too bad. 같은 다양한 표현을 써서 말해 보자. 여기서 Not too bad. 는 직역하면 '너무 나쁘지는 않다'라서 부정적인 표현으로 착각하기 쉬운데, 실제로는 '잘 지냅니다'라는 뜻이다. 한편 상대방에게 '당신은 잘 지내요?'라고 되물을 때는 How are you? 또는 And yourself?라고 하면 된다.

❹ Did you get a haircut?

'머리를 자르다'는 그대로 직역해 cut your hair라고 하기 쉬운데 Did you cut your hair?라고 물어보면 '(혼자서 스스로) 머리를 잘랐어요?'라는 의미가 된다. get a haircut라고 해야 '(다른 사람에 의해) 머리를 자르다, 이발하다'라는 뜻이다. 참고로 '잘 어울려요'라고 칭찬하고 싶다면 It looks great.라고 덧붙이자.

❺ It's been a long time. How have you been?

'오랜만입니다'라고 할 때는 '못 본지 오래되었다'라는 의미로 Long time, no see. 라는 표현도 쓰지만, 너무 격이 없는 말투이므로 손윗사람과 대화할 때는 잘 사용하지 않는다. It's been a long time.은 상대를 가리지 않고 쓸 수 있는 무난한 표현이다. 한편 How have you been?은 How are you?에서 현재완료로 시제가 바뀐 형태로, 오랜만에 만난 상대에게 그동안의 안부를 물을 때 쓰는 표현이다.

❻ Not much.

> **Hey, Jinsu. What's up?** 야, 진수. 잘 지내?

What's up?은 아주 친한 친구들끼리 사용하는 격의 없는 인사말이다. '잘 지내?' '별일 없지?'라는 뜻인데, '그냥 그래', '별일 없어'처럼 대답할 때는 Not much. 또는 Nothing much.라고 답하면 된다. 단순히 '안녕?' 정도의 의미를 나타내기도 하므로 What's up?에 그대로 What's up?으로 답하는 경우도 있다.

친구와 헤어지면서 작별인사를 건네자.

7 잘 가.

홍보팀 제니 씨와 함께 저녁식사를 했다.
이제는 헤어질 시간이다.

8 즐거운 저녁 시간 보내세요.

늦은 밤, 차를 운전해서 집으로 돌아가는
친구를 배웅하자.

9 조심해서 들어가.

저녁에 일을 마치고 퇴근하는 같은 팀
직원에게 인사를 건네자.

10 수고하셨습니다.

❼ Take care.

Take care는 Take care of yourself.의 줄임말이다. 직역하면 '당신 자신을 돌보세요'라는 의미인데, '잘 가' 하고 작별인사할 때 상투적으로 많이 쓰는 표현이다. Take good care of yourself.라고도 한다. 참고로 헤어지면서 '또 보자'라는 의미로 See you.라는 표현도 많이 쓰는데, 친밀한 사이에서는 다음에 만날 약속을 잡지 않았더라도 See you soon.(곧 또 보자.)이라고 한다.

❽ Have a good night.

Have a good[nice] ~.는 '~에 즐거운 시간 보내세요'라는 뜻의 구문이다. Have a good night.는 저녁 및 밤 시간대에 헤어질 때 쓰는 일반적인 인사말인데 간단히 Good night.라고만 해도 괜찮다. night란 단어 때문에 밤에만 쓰는 인사말로 오해하기 쉬운데, night는 해질녘부터 다음날 해 뜰 때까지의 시간을 의미하므로 '저녁, 밤'을 모두 포함하는 단어이다. 참고로 Good evening.은 저녁에 만났을 때 하는 인사말로, 헤어질 때는 쓰는 표현은 아니므로 주의하자.

❾ Drive safely.

drive는 '운전하다'라는 뜻의 동사, safely는 '안전하게'라는 뜻의 부사이다. 직역하면 '안전하게 운전해라'라는 의미인데, 차를 운전해서 귀가하는 사람과 헤어지면서 많이 건네는 인사말이다. 한국어로 하면 '안전 운전하세요'에 가까운 표현이다. Have a safe drive.라고도 한다.

❿ Good night.

한국 사람들은 일을 끝마친 뒤 '수고하셨습니다', '고생하셨습니다'라는 말을 일상적으로 많이 쓴다. 그러나 이 말을 영어로 직역해 You did a hard work.라고 말하면 굉장히 어색한 표현이 된다. 영어권에서는 직장에서 퇴근하면서 '수고했다'라고 표현하는 문화가 없기 때문이다. 이때는 저녁에 하는 작별인사인 Good night.나 See you tomorrow.(내일 봐요.)처럼 일반적인 인사를 건네면 된다.

①

학교는 좀 어때?

한국에 유학 온 지 얼마 안 된 외국인
친구에게 근황을 물어보자.

① How's school?

안부를 물어볼 때는 How's[How is] ~?를 써서
'~은 어때요?'라고 말해 보자. 이와 같은 질문을
받았다면 It's all right.(잘 지내고 있어요.)처럼 대
답하면 된다. 사람의 안부를 물어볼 때도 How's
your family?(가족 분들은 어떻게 지내세요?)처럼
How's ~?를 사용한다.

②

일은 좀 어떠세요?

얼마 전 이직한 과장님을 카페에서 만났다.
새로운 회사 일은 잘 되고 계실까?

② How's work?

회사 일이나 사업에 대한 근황을 물어볼 때는
How's work? 또는 How's work going?이
라고 한다. 이에 대한 답변은 It's all right.
Keeping busy.(순조롭습니다. 바쁘게 지내고 있어
요.) 또는 Work is slow this time of year.(이
시기에는 그렇게 바쁘지 않아요.) 등으로 할 수 있다.

③

즐거운 주말 보내.

금요일 밤, 같은 대학에 다니는 친구와 놀다
헤어지면서 작별인사를 건네자.

③ Have a good weekend.

금요일에 헤어질 때는 See you tomorrow.(내
일 보자.) 대신 Have a good[nice] weekend.
라고 말해 보자. 월요일에 다시 만날 사람이라
면 See you on Monday.(월요일에 보자.)라고
해도 좋다.

그럼 또 보자.

가끔 얼굴을 보는 지인과 차 한 잔 하고
헤어지면서 인사하자.

❹ See you around.

다음에 만날 날이 정해지지 않고 비정기적으로
만나는 상대방에게 쓰는 작별인사이다. 마찬가
지로 **See you again.**도 '다시 만나요'라는 뜻
이지만, 실제로는 재회할 가능성이 딱히 없는
사람에게도 상투적으로 쓰는 인사말이다.

---

❺ 제인에게 안부 좀 전해 줘.

친구와 놀다 헤어지면서 친구의 룸메이트
제인에게 안부를 전하자.

❺ Please say hello to Jane for me.

'안부를 전하다'는 영어로 say hello라고 한다.
Please say hello to ~ (for me).는 '~에게 안
부 전해 줘'라는 뜻으로, ~에는 사람 이름이나
your parents(너희 부모님) 같은 명사, him이
나 her 같은 대명사가 들어갈 수 있다. 끝의 for
me는 생략해도 좋다.

---

❻ 새해 복 많이 받아!

기다리던 새해가 밝았다.
친구에게 새해 인사를 전하자.

❻ Happy New Year!

새해(New Year)처럼 특정한 기념일에 하는 인
사는 Happy ~! 뒤에 기념일 이름을 넣어 '~을
즐겁게 보내세요!'라고 인사하는 경우가 많다.
Happy Thanksgiving!(추수감사절 즐겁게 보내
세요!), **Happy Easter!**(부활절 즐겁게 보내세요!)
도 마찬가지이다.

되묻거나 말을 멈출 때

Confirming or Pausing

>>> 미션

📢 상대방이 뭐라고 했는지
잘 듣지 못했을 때 다시 질문하라!
영어 표현이 떠오르지 않을 때도
당황하지 말고 자연스럽게 이어 말하라!

>>> 미션 표현 먼저 관련 표현을 챙겨라

☐ 말하다 **say**

☐ 말하다 **speak**

☐ 의미하다 **mean**

☐ 보다 **see**

☐ 용서하다 **pardon**

☐ 말이 되다 **make sense**

☐ 알아듣다 **catch**

☐ 설명하다 **explain**

☐ 음, 저 **well**

☐ 조금 **a little**

☐ 느리게 **slowly**

☐ 크게 **loudly, loud**

☐ 구체적인 **specific**

☐ 다시 **again**

거래처 부장님이 한 이야기를 잘 이해하지 못했다.

다시 설명해 주는데 너무 말이 빨라서 또 못 알아듣겠다!

❶ 죄송해요. 다시 한 번 말씀해 주시겠어요?

❷ 조금만 더 천천히 말씀해 주시겠어요?

❶ I'm sorry. Could you say that again, please?

상대방이 한 말을 잘 못 알아 들었을 때는 그냥 What?(뭐라고요?)이라고 반문하면 실례이다. 정중하게 부탁할 때 쓰는 Could you ~?(~해 주시겠어요?)를 사용해 다시 말해(say that again) 달라고 위와 같이 부탁해 보자. 또는 I'm sorry?라고 문장 끝을 올려 말해도 충분히 정중하게 반문하는 표현이다. 더 편한 자리에서는 Sorry?라고 만 해도 좋다. 친구 사이에서 반문할 때는 What's that?(뭐라고?)도 자주 쓴다.

❷ Could you speak a little more slowly, please?

'더 천천히'는 more slowly라고 하며 '(지금보다도) 조금만 더 천천히'는 a little more slowly라고 한다. Could you speak more slowly?라고만 해도 '더 천천히 말씀해 주시겠어요?'란 뜻이 되지만 a little(조금만)을 붙이면 좀 더 부드럽게 들린다.

인도 지사 직원과 인터넷 화상 통화 중인데, 말소리가 작아서 뭐라고 하는지 모르겠다.

아차! 둘이서 동시에 말했다.

3 좀 더 큰 소리로 말씀해 주시겠어요?

4 죄송해요. 먼저 말씀하세요.

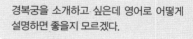

외국인 관광객이 이 주변의 괜찮은 관광지 좀 추천해 달라고 한다.

경복궁을 소개하고 싶은데 영어로 어떻게 설명하면 좋을지 모르겠다.

5 음… 그게요….

6 어… 그걸 뭐라고 하더라?

❸ Could you speak a little louder, please?

'더 큰 소리로 말하다'는 speak louder라고 한다. '(소리가) 크게'를 뜻하는 부사는 원래 loudly인데, 비격식체에서는 loud를 쓰기도 한다. louder는 loud의 비교급이다. 친구들끼리의 격식 없는 대화에서는 Could you speak up?(좀 더 크게 말해 줄래?)이라는 표현도 많이 쓴다. 참고로 '잘 안 들려요'라고 할 때는 I can't hear you.라고 말해 보자.

❹ Sorry. Go ahead.

이와 같이 상대방을 독려하거나 재촉하는 경우에는 Please.가 아닌 Go ahead.를 쓴다. 말 그대로 '먼저 가세요'란 뜻도 되지만, 지금 상황처럼 '먼저 하세요'라는 의미로도 쓴다. 한편 허락을 구하는 상대에게 어떤 일을 계속하라고 할 때 '그렇게 하세요'라는 의미도 갖고 있다. 참고로 엘리베이터 같은 곳에서 상대방을 먼저 보내면서 '먼저 가세요'라고 할 때는 Go ahead.도 좋지만 After you.라고도 한다. '제가 당신 다음에 갈게요'라는 뜻이다.

❺ Well... Let me see...

Can you recommend some tourist attractions?
관광지 좀 추천해 주시겠어요?

well은 한국어로 하면 '음, 저, 글쎄'에 가까운 표현인데, 말문이 막혔을 때 잠시 생각할 시간을 벌기 위해 말과 말 사이에 넣어 사용한다. Let me see.는 직역하면 '어디 봅시다'라는 뜻인데, well과 비슷하게 뭔가를 생각해내려고 하면서 쓸 수 있는 말이다. Let's see. 또는 Let me think.도 같은 뜻이다.

❻ Uh... How do I say it?

uh는 말이 잘 생각 나지 않을 때나 확신이 없을 때 '어, 음' 하고 내는 감탄사이다. 영어로 당장 뭐라고 말해야 할지 모르겠다면 완전히 입을 다물어 버리지 말고 How do I say it?(그걸 어떻게 말할까요?)이라고 말하면서 상대방에게 기다려 달라고 해 보자. 단어가 잘 생각나지 않을 때는 What's the word for it?(그걸 뭐라고 하더라?)이라고 한다.

죄송한데 뭐라고 하셨죠?

회의 중에 부장님이 한 이야기를 놓치고 말았다.

❶ Pardon me?

pardon은 '용서하다'라는 뜻인데, 손윗사람에게 정중하게 '뭐라고 하셨죠?'라고 반문할 때는 Pardon me?라는 표현을 많이 쓴다. I beg your pardon?이라고도 한다. 이때 문장 끝을 내려 말하면 문자 그대로 '절 용서하세요'란 뜻이 되므로 문장 끝을 올려서 발음해야 한다.

❷ 제 말이 이해되세요?

와이파이 연결하는 법을 설명해 줬는데 상대방이 제대로 이해했는지 모르겠다.

❷ Does that make sense?

상대방이 내가 한 말을 제대로 이해했는지 확인할 때 많이 쓰는 표현이다. make sense는 '(문장이) 뜻이 통하다, 이해가 되다'라는 뜻이다. Do you understand me?라고 하면 상대방에게 다소 불쾌하게 들릴 수도 있으니 주의하자.

❸ 죄송해요. 방금 말씀하신 걸 잘 못 알아들었어요.

뉴욕 지사 직원과 통화를 하는데 잡음 때문에 말한 게 잘 안 들렸다.

❸ Sorry. I didn't catch what you just said.

catch에는 '알아듣다'라는 뜻이 있다. 서로 통성명을 하면서 '성함을 잘 못 알아들었어요'라고 할 때도 I didn't catch your name.이라고 한다.

④ Could you be more specific, please?

④ 좀 더 자세히 설명해 주시겠어요?

거래처에서 거래 조건을 두리뭉실하게 설명해서 잘 이해가 안 간다.

specific은 '구체적인, 명확한'이라는 뜻이다. 한국어 문장을 그대로 직역해 Could you explain further?라고 해도 좋다. Could you clarify that?(명확하게 해 주시겠어요?)이라고 해도 비슷한 뜻을 갖는다.

⑤ What does that mean?

⑤ 그게 무슨 뜻이야?

친구가 창문 밖을 보면서 고양이랑 개가 어쩌고 하는데 무슨 소리인지 모르겠다.

친구: It's raining cats and dogs!
　　　비가 억수같이 내려!

상대방이 한 말의 의미를 파악하지 못했을 때는 이렇게 물어보자. 친구 사이에서는 비격식적인 표현으로 What's that mean?도 많이 쓴다. 다만 What do you mean?이라고 하면 '무슨 의미인데?'처럼 공격적으로 들릴 수도 있으니 주의하자. 참고로 rain cats and dogs는 '비가 억수같이 쏟아지다'란 뜻의 숙어이다.

⑥ Well, you know, I broke up with him.

⑥ 음, 있잖아, 나 걔랑 헤어졌어.

친구가 얼마 전 헤어진 남자친구의 안부를 물어본다. 이제는 모르는 사이인데.

you know는 '네가 알다시피'라는 뜻도 있지만 '있잖아, 저기'라는 뜻도 갖는다. well과 마찬가지로 할 말이 딱히 생각 안 날 때 쓰는 표현으로, 말과 말 사이를 자연스럽게 이어 주는 역할을 한다. 한편 '~와 헤어지다'는 break up with라고 한다.

다른 사람 말에 반응할 때

Responding to Others

>>> 미션

 다른 사람의 말에 적절한 반응을 보이면서 대화를 원활하게 진행하라! 상대방이 한 말에 맞장구를 치면서 대화를 끊김 없이 이어가라!

>>> 미션 표현 　먼저 다른 사람 말에 반응할 때 쓰는 표현을 챙겨라

☐ 정말? **Really?**

☐ 정말인가요? **Is that right?**

☐ 정말인가요? **Is that true?**

☐ 확실한가요? **Are you sure?**

☐ 그런가요? **Is that so?**

☐ 응, 그래 **Uh-huh.**

☐ 알겠습니다. **I got it.**

☐ 동의해요. **I agree.**

☐ 나도 그렇게 생각해요. **I think so, too.**

☐ 맞아요. **That's right.**

☐ 바로 그거예요. **Exactly.**

☐ 정말 그래요. **That's true.**

42

이웃집 브라이언 씨가 과대 포장된 과자 상자를 뜯으면서 낭비라고 투덜거린다.

교수님이 어제 고급 레스토랑에 갔는데 서비스가 엉망이었다고 불평한다.

❶ 당신 말이 맞아요.

❷ 그거 너무하네요.

❶ You're right.

All this packaging is a waste. 이 포장은 몽땅 낭비예요.

You're right.는 '당신 말이 맞아요'란 뜻으로, '정말 그래요.'라고 상대방의 주장을 인정하며 맞장구를 칠 때 쓸 수 있는 표현이다. I agree.라는 표현도 있지만, 이것은 어떤 사안을 의논하다가 '나도 그렇게 생각해요.'라고 동의할 때 쓴다.

❷ That's awful.

We waited for an hour to be served. 음식이 나오는 데 한 시간이나 기다렸지 뭐야.

That's ~.는 상대의 발언에 대해 '그거 ~하네요.'라고 반응할 때 즐겨 쓰는 문장 형태이다. awful은 '지독한, 끔찍한'이라는 의미로, 안 좋은 일에 대해 들었을 때 That's awful. 또는 How awful!이라고 맞장구를 칠 수 있다. 반대로 좋은 일에 대해 들었을 때는 That's good[great].라고 말하면 된다.

직장동료 샐리가 옆 팀의 김 부장님은 너무 무례하다고 뒷담화를 한다.

영어 학원 선생님이 갑자기 미국으로 돌아 가기로 했다는 소식을 들었다.

③ 그래, 맞아.

④ 앗, 어쩌다가요?

친하게 지내는 영업부 직원이 갑자기 퇴사 하겠다고 한다.

B O N U S +

친구가 식당 음식이 너무 짜다고 불평을 늘어놓고 있는데 나도 그 말에 동감이다.

Tell me about it.
내 말이 그 말이야.

⑤ 진심으로 하는 소리야?

❸ Yeah, I know.

> **Mr. Kim is so rude.**
> 김 부장님은 너무 무례해.

친한 사이에서 '응', '그래'라고 긍정을 표할 때는 yes의 구어체 표현인 yeah를 많이 쓴다. I know.는 '맞아, 그래'라는 뜻인데, 상대의 발언에 대해 '네 말이 무슨 말인지 잘 알겠어'라고 공감할 때 쓰는 표현이다. 같은 의미로 I know what you mean.이라고도 한다. Tell me about it.도 비슷한 뜻이 있는데, 문자 그대로 '나한테 말해 봐'라는 뜻도 있지만 '내 말이 그 말이야'라고 상대방의 부정적인 이야기에 공감을 표할 때도 이렇게 말한다.

❹ Oh, how come?

> **I have to go back to the U.S.**
> 미국으로 돌아가야 해요.

이유를 물어볼 때 Why?(왜요?)라고 하면 '대체 어째서요?'라고 쏘아붙이는 느낌이 강하다. 단순히 이유를 물어보고 싶은 거라면 How come?을 사용하는 것이 바람직하다. come에는 '(어떤 일이) 일어나다'라는 뜻이 있어서 How come?은 '어떻게 해서 그 일이 일어났나요?', 즉 '왜 그렇게 되었나요?'라는 의미가 된다. 문장 앞에 How come을 넣어 How come you go back to the U.S.?(왜 미국에 돌아가기로 하셨어요?)처럼 물어도 좋다.

❺ Are you serious?

> **I'm thinking of quitting my job.**
> 나 직장 그만둘까 해.

serious는 '심각한, 진지한'이란 뜻인데 귀를 의심할 만한 이야기를 듣고 '진심으로 하는 말이야?'라고 확인할 때 Are you serious?라고 한다. 마찬가지로 믿기지 않는 일을 듣고 Are you kidding me? 또는 You're kidding.이라고도 한다. kid가 '농담하다'라는 뜻이므로, '나한테 농담하는 거지?', '농담하는 거겠지'라고 상대방의 발언을 확인할 때 사용하는 표현이다. No way!도 '말도 안돼!', '설마!'라는 뜻으로, 믿기 힘든 상황에 맞닥뜨렸을 때 쓸 수 있다.

---

①

그거 잘 됐다.

몇 달 전 폐렴으로 고생한 친구의 근황을
물었는데 건강하게 잘 지내는 모양이다.

① I'm happy to hear that.

친구: He's doing well.
　　개는 잘 지내고 있어.

좋은 소식을 들었을 때는 '그 이야기를 들어서
기쁘다'라는 뜻의 I'm happy to hear that.으
로 대답할 수 있다. 반대로 나쁜 소식에 대해서
는 I'm sorry to hear that.으로 안타까움을 표
현해 보자.

②

아, 그랬어?

같은 과 친구가 학교 근처에 새로 생긴
중식당에 갔다 왔다고 한다.

② Oh, did you?

친구: I went to the new Chinese restaurant
　　yesterday.
　　어제 새로 생긴 중식당에 갔어.

'아, 그래?'와 비슷하게 쓰는 맞장구의 대명사이
다. 과거시제 문장에 대해 맞장구를 칠 때는 Oh,
did you? 또는 Oh, you did?라고 한다. 한편
I like ~. 같은 현재시제 문장에 대해 '그래?'라
고 할 때는 Do you? 또는 You do?라고 말한다.

③

그래?

기말고사 준비 때문에 밤을 샌 친구가
피곤하다고 한다.

③ Are you?

친구: I'm tired.
　　나 피곤해.

I'm tired. 같은 be동사 문장에 대해서 '그러
니?', '그래?' 하고 상대방이 한 말을 받을 때는
Are you?로 말한다. 한편 I've seen it.(그거 본
적 있어.) 같은 현재완료시제 문장의 경우에는
Have you?라고 맞장구를 치면 된다.

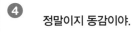

4 정말이지 동감이야.

직장동료가 지겨운 회의가 끝난 후, 시간 낭비였다고 투덜거린다.

4 You're exactly right.

직장동료: That meeting was a waste of time.
그 회의는 시간 낭비였어.

exactly는 '정확하게'라는 뜻인데, 상대방의 말에 강한 동의를 나타낼 때 You're exactly right. 라고 한다. 간단하게 줄여 Exactly.라고 답할 수도 있다. You can say that again.(그 말 다시 한번 해도 돼.)도 같은 의미로 자주 쓰는 표현이다.

---

5 아, 그렇군요.

외국인에게 어디서 왔는지 묻자 미국인인데 지금은 프랑스에 살고 있다고 한다.

5 Oh, I see.

외국인: I'm American, but I live in France.
전 미국인인데 프랑스에 살아요.

see는 '알다'라는 뜻인데, 상대방의 말에 '아, 그렇군요.', '아, 알겠어요'라고 호응을 해줄 때 Oh, I see.라고 한다.

---

6 어, 그래?

친구와 여름휴가 이야기를 하다가 유럽 여행을 갈 거라는 말을 들었다.

6 Oh, yeah?

친구: I'm going to travel to Europe.
나 유럽 여행할 거야.

Oh, yeah?는 상대방의 말에 반응을 보이면서 '어, 그래?'라고 할 때 쓸 수 있는 대답이다. 어조에 따라서는 상대방의 말에 불신을 표현하면서 '오, 그러셔?'라고 비꼴 때 쓰기도 한다.

감사를 표할 때

Expressing Gratitude

* Scene *
06

>>> **미션**

📢 상대방에게 도움을 받았을 때
공손하고 예의 바르게 감사를 표하고,
상대방의 감사 인사에 대해서도
적절하게 응답하라!

>>> **미션 표현** 먼저 감사를 전하는 표현을 챙겨라

☐ 고맙습니다. **Thank you.**

☐ 고마워. **Thanks.**

☐ 정말 고맙습니다. **Thank you very much.**

☐ 정말 고맙습니다. **Thank you so much.**

☐ 정말 고마워. **Thanks a lot.**

☐ 대단히 고맙습니다. **Thanks a million.**

지하철 역에서 어떤 신사 분이 짐 드는 걸 도와주었다. 고마움을 표시하자.

대학 친구가 영어 작문 숙제를 도와주었다.

① 고마워요. 정말 감사 드려요.

② 도와줘서 고마워.

① Thank you. I really appreciate it.

감사를 표할 때는 Thank you.와 I really appreciate it.이라는 두 문장을 함께 써서 말해 보자. Thank you.는 감사를 표할 때 일반적으로 가장 많이 쓰는 표현이며, appreciate는 '~을 고맙게 여기다'라는 뜻의 동사로 좀 더 격식 있게 말할 때 쓰는 표현이다. 이밖에도 실제 회화에서 '정말 감사합니다'라고 할 때는 Thank you very much.보다 Thank you so much.를 많이 쓰는데, 좀 더 가볍게 말할 때는 Thanks a lot.이라고도 한다.

② Thank you for helping me.

'~해 주셔서 감사합니다'처럼 상대방이 한 일에 대해 구체적으로 감사 인사를 하고 싶을 때는 'Thank you for + 동사ing.'로 말해 보자. '숙제를 도와줘서 고마워'라고 더 구체적으로 감사 인사를 하고 싶다면 Thank you for helping me with my homework.라고 말하면 된다.

신규 거래처 실무자들과 미팅이 무사히
끝났다. 돌아가기 전에 인사를 하자.

우리 팀의 로버트가 영어 문장이 맞는지
확인해 주겠다고 한다.

3 오늘은 시간을 내 주셔서
감사합니다.

4 그렇게 해 주면 나야 좋지.
고마워.

로버트가 도와준 게 고마워서 작은 선물을
전달하기로 했다.

길을 잃고 헤매던 외국인을 목적지까지
데려다 주자 감사 인사를 받았다.

5 이건 내 고마움의 표시야.

6 천만에요.

❸ Thank you for your time today.

'~에 대해 감사합니다'라고 할 때는 'Thank you for + 명사.'로 말하면 된다. 예를 들어 '선물 감사합니다'는 Thank you for your gift.라고 한다. Thank you for your time.이라고 하면 '당신의 시간에 대해 감사합니다', 즉 '당신의 시간을 내 주셔서 감사합니다'라는 뜻이 된다.

❹ That'd be great. Thanks.

> **Do you want me to take care of that?**
> 그거 내가 해 줄까?

That'd는 That would의 축약형인데, 가정을 나타내는 would를 넣으면 '그렇게 해 주면'이라는 뉘앙스를 풍길 수 있다. That'd be를 발음할 때는 That 끝의 [t] 소리가 [d] 소리로 변하여 Thad be[댇 비]처럼 발음하는 것이 요령이다.

❺ This is a small token of my appreciation.

도움을 받은 후, '고마움의 표시야'라고 하면서 답례를 할 때는 token(표시, 징표)과 appreciation(감사)을 활용해 위와 같이 말해 보자. 또는 This is a little something for helping me out.(이건 날 도와 준 데 대한 작은 선물이야.)이라고 말하면서 선물을 전달해도 좋다. help out은 help와 마찬가지로 '도와주다'라는 뜻인데, 특히 '(곤경에 빠진 것을) 도와주다'라는 의미이다.

❻ No problem.

> **Thank you so much.**
> 정말 고마워요.

No problem.은 직역하면 '문제 없다'라는 뜻인데 다양한 상황에서 활용할 수 있는 표현이다. 지금처럼 감사 인사에 대해 '천만에요'라는 응답으로 쓸 수도 있고, 사과에 대해 '괜찮아요'라는 대답으로도 쓸 수 있다. 또한 상대가 뭔가를 부탁했을 때 '그럼요'라고 승낙할 때도 쓴다.

① 맛있는 저녁식사를
대접해 줘서 고마워.

친구 집에서 모임이 있었다. 저녁식사를
만들어 준 친구에게 고마움을 표하자.

① Thanks for the delicious dinner.

친한 사이에서는 Thank you.보다 Thanks.를
많이 쓴다. 'Thanks for + 명사'로 '~이 고마워'
라고 친구에게 이야기할 수 있다.

② 오늘은 불러 줘서 고마워.
정말 재미있었어.

모임에 초대해 준 친구와 헤어지면서 감사
인사를 하자.

② Thanks for inviting me today. I had a great time.

친구 사이에 '~해 줘서 고마워'라고 할 때는
'Thanks for + 동사ing'로 말해 보자. 이 뒤
에 Let's get together again soon.(다음에 또
만나.)이라고 덧붙인 후, 구체적으로 I want to
take you to my favorite restaurant.(내가 좋
아하는 음식점에 같이 가고 싶어.)라고 제안해도 좋다.

③ 어떻게 감사를
드려야 할지 모르겠네요.

직장동료가 처리하기 곤란한 회계 관련
일을 해결해 주었다.

③ I don't know how to thank you.

직역하면 '어떻게 감사하는지 모르겠다'가 되
는데, 큰 감사를 표할 때 이렇게 말하기도 한
다. 참고로 비슷한 표현인 I can't thank you
enough.도 '충분히 감사할 수 없다'라는 뜻이
아니라 '아무리 감사해도 충분하지 않다'라는
뜻의 감사 인사이다.

❹ 고맙습니다.
정말 친절하시군요.

육교에서 지나가던 사람이 무거운 짐을 나르는 것을 도와주었다.

❹ Thank you. That's very kind of you.

상대방이 내게 해 준 일에 대해 감사를 표할 때 That's very kind of you.란 표현을 일상적으로 많이 쓴다. It's very kind of you to do that. (그렇게 해 주시다니 정말 친절하시군요.)라고 말하기도 한다.

❺ 별 말씀을요.

이웃집 사람의 컴퓨터를 고쳐 줬더니 감사 인사를 받았다. 별일도 아닌데 쑥스럽네.

❺ Don't mention it.

외국인: Thank you so much.
　　　　정말 고마워요.

mention은 '언급하다'란 뜻의 동사로 Don't mention it.은 직역하면 '언급하지 마세요'란 뜻이 된다. 즉, 굳이 감사 인사를 할 것 없다고 손사래를 치며 말할 때 쓰는 표현이다.

❻ 도움이 돼서 나도 기뻐.

친구가 이사하는 걸 도와줬더니 무척이나 고마워한다. 친구 사이에 뭘.

❻ It was my pleasure.

친구: Thanks for helping me.
　　　도와줘서 고마워.

pleasure는 '기쁨'이라는 뜻인데, 감사 인사를 받았을 때 '오히려 제가 기뻐요'라는 의미로 It was my pleasure.라고 할 수 있다. 간단히 줄여 My pleasure.라고만 해도 좋다.

감상을 말할 때

Expressing Impressions

>>> 미션

 상대방에게 음식, 옷 등
사물에 대한 감상을 물어보고
자신의 느낌이 어떤지도 전달하라!

>>> 미션 표현 먼저 감상을 표현하는 형용사를 챙겨라

☐ 좋은, 맛있는 **good**

☐ 훌륭한, 멋진 **great**

☐ 정말 맛있는 **delicious**

☐ 재미있는, 즐거운 **fun**

☐ 웃긴 **funny**

☐ 슬픈 **sad**

☐ 무서운 **scary**

☐ 흥미진진한 **exciting**

☐ 지루한 **boring**

☐ 놀라운 **surprising**

☐ 재미있는 **interesting**

☐ 실망스러운 **disappointing**

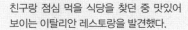

>>> **미션 전달** 다음 상황을 보고 영어로 말하라

백김치를 먹어 보는 건 처음이라는데 입에 잘 맞을까?

친구랑 점심 먹을 식당을 찾던 중 맛있어 보이는 이탈리안 레스토랑을 발견했다.

❶ 어때?

❷ 저거 맛있어 보이지 않아?

❶ How is it?

지금 느끼는 감상을 묻고 싶을 때는 How is ~?를 써서 표현해 보자. 처음으로 먹어 본 감상을 묻는 거라면 How do you like it?이라고 말해도 좋다. '어땠어?'라고 과거형으로 물어볼 때는 How was it? 또는 How did you like it?이라고 하면 된다. 과거 일에 대한 감상은 How was ~?로 묻는데, 예를 들어 '여행[음식]은 어땠어?'는 How was the trip[food]?이라고 한다.

❷ That looks good, doesn't it?

'look + 형용사'는 '~처럼 보이다'라는 의미이다. It looks good.(맛있어 보여.) 또는 You look happy.(행복해 보이네.)처럼 겉으로 보이는 인상을 나타낼 때 사용한다. 이때 문장 끝에 doesn't it?을 붙이면 '그렇지 않니?' 하고 자신의 생각에 대한 상대방의 의견까지 물어볼 수 있다.

친구와 다른 메뉴를 시켰는데 내가 시킨 파스타 맛은 어떠냐고 물어본다.

3 그냥 평범한 맛이야.

드디어 시험 끝! 친구가 시험이 어땠는지 물어보는데 그럭저럭 괜찮게 본 듯하다.

4 그럭저럭 봤어.

최근 흥행 중인 공포영화를 보고 영화관을 나오는 길에 친구가 감상을 물어본다.

5 진짜 무서웠어.

맛집으로 화제라는 우동집에 왔는데, 기대한 것치고는 음식 맛이 그저 그렇다.

6 소문만큼 맛집은 아니네.

❸ It's okay.

How is your pasta?   네 파스타는 어때?

특별히 감상이 없을 만큼 평범하다고 느낄 때 쓰는 말이 It's okay.이다. '평범한'이라고 하면 normal을 떠올리는 사람이 많은데, 이 단어는 정확하게는 '정상적인, 일반적인'이란 뜻이므로 지금 상황에서는 어울리지 않는다. 참고로 '여기 음식 맛있네'라고 할 때는 The food is great here.라고 한다.

❹ Not bad.

How was the test?   시험 어땠어?

'그럭저럭'이라고 할 때 So-so.라고 말하는 경우가 많은데, 군이 말하자면 이 표현은 '그저 그렇다'라는 뜻으로 부정적인 어감이 강하다. '그럭저럭 적당히 봤어'라는 긍정적인 느낌을 표현하려면 Not bad. 또는 It was all right.라고 말하면 된다.

❺ It was really scary.

What did you think of the movie?   영화 어땠어?

감상을 말할 때는 Scary.라고 형용사 하나만 툭 던지기보다는 'It was + 형용사.'의 문장 형태로 좀 더 자연스럽게 표현해 보자. 형용사 앞에 really(정말로, 진짜로)를 넣으면 강한 느낌을 줄 수 있다. 예를 들어 '굉장히 좋았어'는 It was really good.이며 '아주 감동적이었어'는 It was really touching.이라고 한다.

❻ It's not as good as they say.

'소문만큼 맛집은 아니다'는 rumor(소문) 같은 단어를 쓰지 않고 '사람들이 말하는 것만큼 맛있지는 않다'라고 표현하면 된다. 'A만큼 B하지는 않다'는 not as B as A의 구문을 사용하며, '(일반적인) 사람들'은 they로 나타낸다.

저기 있는 교수님이 30대인 줄 알았는데
50대라는 놀라운 이야기를 들었다.

7 정말? 의외네!

친구와 쇼핑 중에 귀여운 지갑을 발견했다.
동의를 구해 보자.

8 이거 귀엽지 않아?

탈의실에서 옷을 갈아 입었다. 친구한테
의견을 들어 보자.

9 어때?

친구도 옷을 갈아 입고 탈의실에서 나와
어떤지 묻는데, 썩 어울리는 것 같지 않다.

10 잘 모르겠어.
좀 아닌 것 같은데.

❼ Really? I'm surprised!

He's actually fifty-five.
저 사람, 실은 55세야.

믿기지 않는 일을 듣고 '정말?', '진짜야?' 하고 놀라움을 표할 때 Really?라는 표현을 쓴다. 뜻밖의 일에 대해 '의외네'라고 말할 때는 '놀랐다'라는 뜻의 I'm surprised.를 쓰면 된다. 또는 That's a surprise.라고도 하는데, 이때는 surprise가 '뜻밖의 일, 놀라운 일'이라는 뜻으로 쓰인 것이다. '나이에 비해 젊어 보이네'라고 할 때는 He looks so young for his age.라고 한다.

❽ Isn't this cute?

의문문 앞에 Isn't, Aren't, Don't, Didn't처럼 not을 붙인 형태가 오면 '~하지 않아?'라고 상대방에게 동의를 구하는 느낌이 된다. 예를 들어 '이 커피 맛있지 않니?'는 Isn't this coffee good?이라고 한다. 의외의 상황에 놀라움을 표현할 때도 이런 부정의문문 형태를 많이 쓰는데, 가령 밤을 새고도 팔팔한 친구에게 '너 안 피곤해?'라고 놀라면서 Aren't you tired?라고 할 수 있다.

❾ How do I look?

How do I look?은 '(보기에) 어때?'라는 의미로, 내 복장이나 외모에 대한 의견을 물어볼 때 대표적으로 쓰는 질문이다. What do you think?(어떻게 생각해?)도 감상을 물을 때 자주 쓰는 표현이니 함께 알아두자. '나한테 어울려?'라고 묻고 싶다면 Does it look good on me? 또는 Does it suit me?라고 하면 된다.

❿ I don't know. Something's not right.

What do you think?
어떤 것 같아?

Something's not right.는 직역하면 '뭔가가 맞지 않는다'란 뜻인데, 이유를 콕 집어 말할 수는 없지만 '뭔가 아니야'라고 부정하고 싶을 때 쓰는 표현이다. 앞에 I don't know.를 붙이면 좀 더 확신이 없다는 느낌을 준다. 반대로 '괜찮네, 잘 어울려'라고 말하고 싶다면 It looks good. 또는 You look great.라고 하면 된다.

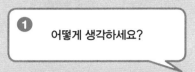

① **어떻게 생각하세요?**

디자인 팀과 회의 중인데, 내 의견에 대한 디자이너의 생각을 물어보자.

① What do you think?

한국어 문장에 '어떻게'가 있기 때문에 How do you think?라고 말하기 쉬운데, 영어로는 의문사 how가 아니라 what을 쓰므로 주의하자. how는 수단이나 방법을 물을 때 쓰는 의문사이므로, 생각하는 내용을 물을 때는 what을 써야 한다.

---

② **맛있었어?**

친구가 역 앞에 새로 생긴 태국 음식점에 다녀왔다고 한다. 맛이 궁금한걸.

② Was it good?

친구: I went to the new Thai restaurant.
　　　새로 생긴 태국 음식점에 갔었어.

delicious는 '정말 맛있는'이라는 뜻으로 칭찬하는 말이다. 따라서 그냥 '맛있는'이라고 할 때는 기본적으로 good을 쓴다. How was it?(어땠어?) 또는 Did you like it?(마음에 들었어?)이라고 물어봐도 좋다.

---

③ **음식이 훌륭했어.**

어제 학교 근처에 새로 생긴 국수집에 갔었는데, 친구가 어땠는지 물어본다.

③ The food was excellent.

친구: How was the new restaurant?
　　　새로 생긴 음식점 어땠어?

사물의 좋고 나쁨을 나타내는 형용사를 기억해 두자. '아주 좋은'은 excellent / amazing / great, '제법 괜찮은'은 pretty good, '평범한, 보통의'는 okay, '안 좋은, 나쁜'은 bad, '최악의'는 terrible로 표현할 수 있다.

4 정말 즐거웠어.

연휴 때 강원도에 놀러 갔다 왔는데 친구가 "여행 어땠어?"라고 물어본다.

4 I really enjoyed it.

친구: How was the trip?
　　여행 어땠어?

It was very interesting.이라고 하면 '아주 (지적으로) 흥미로웠던 여행이었어'처럼 들린다. 단순히 '즐거웠어'라고 말하고 싶은 거라면 '즐거운 시간을 보내다'라는 뜻의 동사 enjoy를 써서 위처럼 말해 보자. I had a great time. 또는 I had a lot of fun.이라고 해도 좋다.

---

5 바다가 아름다웠어.

직장동료가 휴가 때 다녀온 제주도가 어땠는지 물어본다. 우도 앞 바다가 참 푸르렀지.

5 The sea was beautiful.

직장동료: How was Jeju Island?
　　제주도 어땠어?

풍경이 아름답다고 할 때는 beautiful(아름다운)이란 형용사를 쓴다. 이밖에도 wonderful(멋진), amazing(놀랄 만큼 멋진), unbelievable(믿기 힘들 만큼 훌륭한) 등의 형용사를 써서 표현할 수 있다.

---

6 엄청 흥미진진했어요.

어제 퇴근 후 한일전 축구 경기를 보러 갔다. 부장님이 경기가 어땠냐고 물어본다.

6 It was really exciting.

부장: How was the game?
　　경기 어땠어?

exciting은 '흥미진진한, 신나는'을 뜻하는 형용사이다. 반대로 '재미없었어요, 지겨웠어요'라고 할 때는 It was boring.이라고 한다.

칭찬하거나 축하할 때
Giving Compliments and Congratulations

>>> 미션

📢 상대방이 잘한 일을 칭찬하거나 좋은 일이 있을 때 축하를 건네라! 자신이 칭찬이나 축하를 받았을 때도 적절하게 답하라!

>>> 미션 표현   먼저 좋은 소식을 듣고 말할 수 있는 표현을 챙겨라

☐ 잘했어! **Way to go!**

☐ 잘했어! **Well done!**

☐ 좋은 소식이네! **Good for you!**

☐ 그 말을 들으니 나도 정말 기뻐. **I'm so happy for you.**

☐ 네가 정말 자랑스러워. **I'm so proud of you.**

☐ 네가 최고야. **You're the best.**

친구가 오랫동안 공부해 온 시험에 드디어
합격했다고 한다.

뉴욕 지사 테드 씨가 알고 보니 태권도
검은띠라고 한다.

① 잘됐다!

② 대단하네요!

① That's great!

I passed the test! 시험을 통과했어!

좋은 소식을 듣고 '잘됐다'라고 축하할 때 첫 마디로 자주 쓰는 표현이다. 같은 의미
로 That's good. 또는 Good for you.라고 해도 좋다.

② That's amazing!

I have a black belt in taekwondo. 전 태권도 검은띠예요.

amazing은 '놀랄 만한, (놀랄 정도로) 대단한'이라는 뜻으로, That's amazing!은 놀
라운 일에 '대단한데!'라고 감탄하면서 쓰는 표현이다. surprising도 '놀라운'이란 뜻
인데, That's surprising!은 뜻밖의 놀라운 일에 감탄할 때 쓴다.

부장님이 대학 시절에 받은 어마어마한 양의 테니스 대회 우승컵을 보여 주었다.

3 와! 대단하시네요!

직장동료가 구하기 힘든 최신 휴대폰을 샀다고 자랑하는데 정말 부럽다.

4 좋겠다!

친구가 연극 배우라는 오빠 사진을 보여 주는데 꽤 미남이다.

5 잘생겼네.

친구와 경복궁에 놀러 가서 한복을 빌려 입었다. 얘한테 정말 잘 어울리는걸.

6 너한테 한복이 잘 어울려.

❸ Wow! Impressive!

> **I won these trophies back in college.**
> 대학 시절에 딴 우승컵들이에요.

impressive는 '훌륭한, 대단한, 인상적인'이라는 의미의 형용사인데, 이처럼 감탄을 나타낼 때도 사용할 수 있다. 같은 뜻으로 I'm impressed.라고 해도 된다. 한편 Impressive!처럼 한 단어만으로도 '대단하네요!'라고 감탄을 나타내는 표현에는 Awesome! / Incredible! / Fantastic! / Brilliant! 등이 있다.

❹ You're so lucky!

> **Here. I bought a new smartphone.** 여기. 새 스마트폰 샀어.

You're so lucky!는 직역하면 '넌 정말 운이 좋구나!'란 뜻인데, 손에 넣기 힘든 물건이나 나도 갖고 싶은 물건을 구한 사람에게 '좋겠다!', '부럽다!'라고 말할 때 쓰는 표현이다. 내일부터 여름방학이라고 기뻐하는 친구에게 '좋겠다!'라고 할 때도 쓸 수 있다.

❺ He's good looking.

> **This is my brother George.** 이 사람은 우리 오빠 조지야.

남자에게 '잘생겼다, 멋지다'라고 외모에 대해 칭찬할 때는 good looking 또는 handsome이라는 형용사를 쓸 수 있다. 한편 여자의 외모에 대해 칭찬할 때는 beautiful(아름다운) 또는 pretty(예쁜)라는 형용사를 쓴다.

❻ You look great in a *hanbok*.

'You look + 형용사.'는 '너는 ~해 보여'라는 뜻인데, '너한테 ~이 잘 어울려'를 You look good[great] in ~.이라고 한다. 가령 '빨간색이 잘 어울려'는 You look good in red.이며 '그 색깔이 잘 어울려'는 You look good in that color.이다. '너한테 잘 어울려'라고 할 때는 동사 suit(~에게 어울리다)를 써서 It suits you.라고도 한다.

소개팅한 남자의 취미가 피규어 수집이라는데, 관련 지식이 놀라울 정도로 해박하다.

7 정말 피규어에 대해
모르는 게 없네요.

친구와 처음으로 같이 노래방에 왔는데
끝내주게 노래를 잘 부른다.

8 와, 너 정말 잘한다!

처음 본 남자가 내가 예쁘다고 극찬을
날리는데 몹시 부담스럽다.

9 과찬이세요.

이웃집 할아버지께 컴퓨터를 가르쳐 드렸더니 실력이 대단하다면서 감탄하신다.

10 아뇨, 별로 대단한 건 아니에요.

❼ You really know a lot about action figures.

상대방을 칭찬할 때는 you를 주어로 삼아 문장을 만들어 보자. '모르는 게 없다'는 '많이 알고 있다'란 뜻이므로 know a lot이라고 표현하면 된다. 한편 우리가 흔히 '피규어'라고 부르는 영화나 만화의 캐릭터 인형은 그냥 figure가 아니라 action figure 라고 한다.

❽ Wow, you're good!

good에는 '좋은'이라는 뜻 외에도 '잘하는, (능력이) 뛰어난'이라는 의미가 있다. 따라서 상대방에게 잘한다고 칭찬할 때는 You're good.이라고 말하면 된다. '너 노래 잘하는구나'라고 칭찬할 때는 You are a good singer.라고 해도 좋다.

❾ You're flattering me.

> **You're the most beautiful woman I've ever met.**
> 당신은 내가 만나 본 여자 중에 가장 아름다워요.

flatter는 '아첨하다, 추켜세우다'라는 의미이다. You're flattering me.는 직역하면 '당신이 제게 아첨하고 있어요'란 뜻인데, 민망할 정도로 큰 칭찬을 받았을 때 '과찬이세요', '비행기 태우지 마세요'라는 뜻으로 이렇게 말한다. I'm so flattered.라는 표현도 같은 뜻이다.

❿ No, it's nothing.

> **That was impressive!**
> 대단하구나!

칭찬을 받았을 때 '별로 대단한 것이 아니다', '별 거 아니다'라고 할 때는 It's nothing.이라고 말한다. 또는 It's nothing to brag about.(자랑할 정도까지는 아니에요.)이라고 해도 좋다. 참고로 칭찬을 받았을 때 한국 사람들은 습관적으로 겸손함을 표현한다고 No, no!라고 부정하기 쉬운데, 상대방의 칭찬에 감사를 표하며 Thank you.라고 하는 것도 좋은 대답이다.

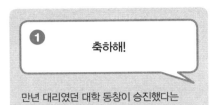

①
축하해!

만년 대리였던 대학 동창이 승진했다는
소식을 전해 왔다.

❶ Congratulations!

친구: I got promoted.
　　　나 승진했어.

좋은 일에 대해 상대에게 '축하해'라고 할 때
는 Congratulations!라는 표현을 쓴다. 좀
더 구체적으로 '~을 축하해'라고 말할 때는
Congratulations on ~.으로 표현하면 된다. 예
를 들어 '승진 축하해'는 Congratulations on
your promotion.이라고 한다.

②
해냈구나!

열심히 공부하던 친구가 원하는 대학에
합격했다고 기뻐하고 있다.

❷ You did it!

친구: I was accepted to the university.
　　　대학에 합격했어.

You did it!은 '해냈구나!', '잘했어!'라는 뜻으로,
어려운 일을 해낸 상대방에게 감탄하면서 칭찬
할 때 쓸 수 있는 표현이다. You made it!이라
고 해도 좋다.

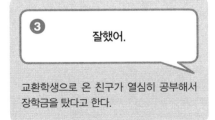

③
잘했어.

교환학생으로 온 친구가 열심히 공부해서
장학금을 탔다고 한다.

❸ Good job.

친구: I got a scholarship.
　　　나 장학금 탔어.

상대방이 한 일에 대해 '잘했어', '훌륭해'라고
칭찬할 때 You did a good job.이라고 한다.
친구 사이에서는 짧게 줄여서 Good job.이라고
도 한다. 손윗사람에게 쓰는 말은 아니므로 주
의하자.

④ 와! 너 요리 잘하는구나!

친구가 미국 가정식 요리를 만들어 줬는데 입에서 살살 녹는다.

④ Wow! You're a good cook!

영어에서는 잘하는 일을 칭찬할 때 'You're a good + 명사.'라는 표현을 많이 쓴다. '요리를 잘한다'도 You cook very well.이라고 하지 않고 You're a good cook.(너는 훌륭한 요리사이다.)라고 표현하는 것이 더 자연스럽다.

⑤ 패션 감각이 좋으시네요.

옆 자리 과장님이 항상 옷을 멋지게 잘 차려입고 다닌다.

⑤ You have a good sense of style.

sense는 '감각'이라는 뜻인데, You have a good sense of ~.라고 하면 '당신은 ~에 좋은 감각을 가졌군요', 즉 '~ 감각이 뛰어나시군요'라는 뜻이 된다. 여기서 '패션'은 '옷을 입는 스타일'을 뜻하므로 style이란 단어를 썼다.

⑥ 네가 새로 머리 자른 거 맘에 들어.

여자친구가 머리를 단발로 잘랐는데 정말 잘 어울린다.

⑥ I like your new haircut.

I like your ~.는 '네 ~이 맘에 들어'라는 뜻으로, 상대방을 칭찬할 때 자주 쓰는 표현 중 하나이다. I like your earrings.(네 귀걸이 맘에 들어.), I like your dress.(네 드레스 맘에 들어.)처럼 상대방이 걸친 장신구나 옷을 칭찬할 때도 쓸 수 있다.

다른 사람을 배려할 때

Sympathizing with Others

>>> 미션

📢 다른 사람을 배려하면서
동정과 위로의 말을 건네고,
우울해 하는 상대방을 격려하라!

>>> 미션 표현   먼저 다른 사람을 격려할 때 쓰는 표현을 챙겨라

☐ 기운 내요! **Cheer up!**

☐ 걱정스러워 보여요. **You look a bit down.**

☐ 괜찮아요? **Are you all right?**

☐ 어떤 기분인지 알아요. **I know how you feel.**

☐ 내가 할 수 있는 일이 있으면 알려 주세요. **Let me know if there's anything I can do.**

☐ 내가 도울 수 있는 일이 있을까요? **Is there anything I can do to help?**

☐ 모두 잘 될 거예요. **Everything will be okay.**

친구의 표정이 안 좋다. 나한테 상담 좀 하고 싶은데 시간이 있냐고 물어본다.

인사팀이 요즘 일이 많은지 이번 주말에도 출근해야 하나 보다.

①
물론이지.
무슨 안 좋은 일 있어?

②
그거 정말 안됐네요.

① Sure, what's wrong?

Do you have a few minutes? 지금 시간 좀 괜찮아?

부탁하는 상대에게 '좋아, 물론이지'라고 응답할 때는, 자칫 사무적으로 들릴 수 있는 Yes. 대신에 Sure. 또는 Of course.를 사용해 보자. '무슨 일 있어?'라고 할 때는 What's wrong? 또는 What's the matter?라고 물어본다.

② That's too bad.

I have to work this weekend. 이번 주말에는 일해야 돼요.

That's too bad.는 가벼운 안타까움을 전달하는 표현이다. 반면 누군가가 돌아가셨다는 소식을 듣고 '안타까운 일이네요' 하고 깊은 안타까움을 표할 때는 I'm so sorry.라고 한다. 이때는 '미안하다'라는 의미가 아니므로 주의하자.

며칠 전 옆집으로 이사 온 외국인과 마주쳤다. 말을 좀 걸어 볼까?

새로운 환경에서 이래저래 고생이 많을 것 같다. 내가 도울 일은 없을까?

3 한국 생활에는 좀 익숙해지셨어요?

4 모르는 게 있으면 언제든지 물어보세요. 알겠죠?

보고서에 실수를 한 직장동료가 눈물을 글썽이며 미안해한다.

5 괜찮아요. 신경 쓰지 마세요.

B O N U S +

요즘 회사 일이 너무 힘들다는 친구에게 응원의 말을 건네자.

> **Cheer up. Things will get better.**
> 기운 내. 다 잘 될 거야.

72

❸ Have you gotten used to life in Korea?

'~에 익숙해지다'라는 뜻의 get used to의 현재완료형을 활용해 질문해 보자. '음식은 좀 익숙해지셨어요?'라고 묻고 싶다면 Have you gotten used to the food?라고 한다. '여기 생활은 좀 어떠신가요?'는 How do you like living here?라고 물어보자.

❹ If you have any questions, ask me anytime. Okay?

'모르는 게 있으면'은 '질문이 있으면(If you have any questions)'이라고 표현해 보자. Is there anything you'd like to know?(뭔가 물어보고 싶은 거 없으세요?) 또는 You can ask me anything.(뭐든지 물어봐도 괜찮아요.)이라고 말해도 좋다. 참고로 '알겠지요?'라고 상대방의 동의나 이해를 구할 때는 문장 끝에 Okay?라고 덧붙인다.

❺ That's okay. Don't worry about it.

> I'm terribly sorry.
> 정말 미안해요.

사과를 받고 '괜찮아요'라고 답할 때 가장 무난한 표현은 That's okay.이다. 이 뒤에 상대방을 안심시키고 싶을 때는 '걱정하지 마세요'라는 뜻의 Don't worry about it.을 덧붙여서 말하자. 사과에 대해 '다음부터는 조심하세요. 알겠어요?'라고 주의를 주고 싶다면 Be careful next time. Okay?라고 말하면 된다.

⟫⟫ 미션 힌트   영어로 사과할 때는 뭐라고 말할까

'미안해요'라고 일반적으로 사과할 때 쓰는 표현은 I'm sorry.인데 간단하게 줄여 Sorry.라고도 한다. '정말 미안해요'라고 강조하고 싶을 때는 I'm terribly sorry. 또는 I'm truly sorry.라고 한다. '사과 드리겠습니다'라고 좀 더 정중하게 말할 때는 I apologize.라는 표현도 쓴다. '~에 대해 미안합니다'라고 구체적으로 사과할 때는 'I'm sorry for + 동사ing/명사.'를 쓰는데, 예를 들어 '늦어서 죄송합니다'는 I'm sorry for being late.이며, '불편을 끼쳐 드려 죄송합니다'는 I'm sorry for your inconvenience.라고 한다.

---

①
괜찮아?

친구와 통화하는데 감기에 걸린 것 같다며 기침을 한다.

① Are you okay?

친구: I think I have a cold.
감기에 걸린 것 같아.

'괜찮아?'라고 할 때 일반적으로 가장 많이 쓰는 표현은 **Are you okay?**이다. okay는 '(상태가) 괜찮은'이란 뜻이며 **Are you all right?**라고 해도 좋다.

---

②
빨리 나았으면 좋겠네요.

직장동료가 교통사고로 뼈가 부러졌는데, 나을 때까지 시간이 걸릴 것 같다고 한다.

② I hope you get better soon.

직장동료: It's going to take around 2 weeks.
나으려면 2주 정도 걸릴 것 같아요.

I hope (that) ~.은 '~하면 좋겠다'라는 바람을 전할 때 쓰는 표현이다. 구어체에서는 앞의 I를 생략하고 말하기도 한다. 한편 '(몸 상태가) 나아지다, 좋아지다'는 **get better**라고 한다.

---

③
안됐구나.

친구가 오랫동안 준비해 왔던 한식 조리사 시험에 떨어졌다고 우울해하고 있다.

③ I'm sorry to hear that.

친구: I failed the exam.
시험에 떨어졌어.

상대가 굉장히 실망하고 있을 때는 가벼운 안타까움을 나타내는 **That's too bad.**보다는 동정의 뉘앙스를 가진 **I'm sorry.**로 말해 보자. **I'm sorry to hear that.**은 '그 얘기를 들으니 유감이다'라는 뜻이다.

④ 행운을 빌어! 너라면 잘할 거야! 취업 준비 중인 친구가 이제부터 중요한 면접을 보러 갈 거라 긴장된다고 한다.	## ④ Good luck! You can do it! 친구: I'm getting nervous. 긴장되기 시작했어. good luck은 자체로 '행운'이라는 뜻이 있지만, 상대방의 성공을 기원하며 '행운을 빌어!'라고 할 때 Good luck!이라고 말한다. Good luck at your (job) interview!(면접 잘 봐!)라고 말해 도 좋다.
⑤ 분명 괜찮을 거야. 너무 걱정하지 마. 친구가 시험 결과를 지나치게 걱정하며 안절부절 못 하고 있다.	## ⑤ It'll be okay. Don't worry so much. 친구: I think I failed the exam. 시험에 떨어질 것 같아. 이제부터 발표되는 시험 결과에 대해서 okay (괜찮은)라고 예상하는 것이므로, 미래를 나타내 는 will을 사용해서 It'll be okay.라고 말해 보자.
⑥ 너무 무리하지 마세요. 일주일째 야근 중인 직장동료가 오늘도 늦게까지 일해야 하는 모양이다.	## ⑥ Take it easy. 직장동료: I have to finish it by tomorrow. 내일까지 이거 끝내야 해요. Take it easy.는 흥분하지 말고 '진정해'라는 의 미도 있고, 헤어질 때 '잘 있어'라는 뜻의 인사말 로 쓰기도 한다. 또한 지금 상황처럼 쉬엄쉬엄 하라고 할 때 '무리하지 마'라는 의미로도 쓴다. 이 뒤에 That's tough.(그거 큰일이네.)라고 동정 의 말을 한 마디 덧붙여도 좋다.

부탁할 때

Making a Request

>>> 미션

다른 사람에게 뭔가를 부탁할 때는
부드럽게 말하는 것이 중요하다.
친구와 주변 사람들에게 다양한
방법으로 부탁하라!

>>> 미션 표현 먼저 관련 표현을 챙겨라

☐ 전화를 쓰다 **use one's phone**

☐ (손에) 들다 **hold**

☐ TV 소리를 줄이다 **turn down the TV**

☐ ~에게 다시 전화하다 **call ~ back**

☐ 싫어하다, 꺼리다 **mind**

☐ ~이 어떨까 생각하다 **wonder**

☐ 도와주다 **help**

☐ ~의 부탁을 들어 주다 **do ~ a favor**

☐ 감사하다 **appreciate**

☐ 창문을 열다 **open the window**

☐ 돈을 빌려 주다 **borrow some money**

☐ 히터를 끄다 **turn off the heater**

휴대폰 배터리가 방전되어서 잠깐 전화를 빌려 쓰고 싶다.

친구랑 쇼핑 중이다. 계산을 하려는데 짐이 너무 많아서 지갑을 못 꺼내겠다.

❶ 전화 좀 써도 될까?

❷ 이거 잠깐 들고 있어 줄래?

❶ Can I use your phone?

'~해도 될까?'라고 가벼운 허락을 구할 때 쓰는 기본 표현은 'Can I + 동사?'이다. 친구 사이에서뿐만 아니라 가게에서 직원과 대화할 때, 식당에서 주문할 때 등 일상생활에서 폭넓게 쓰는 표현이니 잘 외워 두자. 한편 Can I ~?에 대해 '네, 괜찮아요'라고 답할 때는 Yes.가 아니라 Sure. 또는 Of course.를 사용하자.

❷ Hold this for a second?

동사로 문장을 시작하면 명령문이 되는데, 이처럼 명령문을 사용해서 하는 부탁은 기본적으로는 친한 친구 사이에서만 쓴다. 명령문으로 부탁할 때는 문장 끝을 약간 올려서 의문문처럼 발음하면 딱딱한 명령처럼 들리지 않을 수 있다. '(손에) 들다'는 hold, '잠깐'은 for a second라고 한다.

회식에서 먼저 자리를 떠야 한다. 벽 쪽에 앉은 사람에게 옷을 달라고 부탁하자.

룸메이트가 TV를 보고 있는데 소리가 너무 커서 도저히 잠을 잘 수가 없다.

3 내 재킷 좀 갖다 줄래요?

4 TV 소리 좀 줄여 주면 안될까?

부장님과 미팅 중인데 거래처에서 전화가 걸려 왔다.

업무와는 관계가 없지만 외국인 직원에게 영어로 도움을 구하고 싶은 일이 있다.

5 제가 나중에 다시 걸어도 괜찮을까요?

6 저 좀 도와주실 수 있을까요?

❸ Could you get my jacket, please?

can의 과거형 could를 사용하면 보다 정중하고 조심스럽게 부탁할 수 있다. 서로 친한 친구 사이에서도 정중하게 부탁할 때는 Can you ~?보다 Could you ~?를 많이 사용한다. 상대방에게 물건을 가져다 달라고 부탁할 때는 Could you get ~?으로 많이 물어보는데 여기서 get은 '갖다 주다, 가져오다'라는 뜻이다. 예를 들어 '티슈 좀 갖다 주시겠어요?'는 Could you get me some tissue?라고 한다.

❹ Would you mind turning down the TV?

mind는 '싫어하다, 꺼리다'라는 의미이다. 'Would you mind + 동사ing?'는 '~하는 게 싫으신가요?'라는 의미로, 상대방의 의향을 조심스럽게 물어보는 표현이다. 'Do you mind + 동사ing?'보다 좀 더 정중한 표현인데, 친구 사이에서도 상대방이 싫어할 가능성이 있는 일을 부탁할 때는 Do 대신 Would를 써서 말하는 것이 바람직하다. 한편 '(라디오·텔레비전의) 소리를 줄이다'는 turn down이라는 표현을 쓴다.

❺ Would you mind if I called you back?

상대방에게 불편을 끼칠 가능성이 있는 일에 대해 양해를 구할 때는 Can I ~? 대신에 Would you mind if I ~?(내가 ~하면 곤란하신가요?)를 사용해서 말해 보자. 이때 if 절은 called처럼 과거시제로 쓰는 것이 포인트! 한편 '(전화를 걸었던 사람에게) 다시 전화하다'는 call back이라고 한다.

❻ I was wondering if you could help me.

wonder는 '~이 어떨까 생각하다'라는 뜻이다. I was wondering if you could ~.는 직역하면 '당신이 ~해 주실 수 있을까 생각했습니다'라는 뜻인데, 말하기 어려운 부탁을 꺼낼 때 첫 마디로 많이 쓰는 표현이다. 정중하게 부탁할 때나 상대방의 의향을 조심스럽게 물어볼 때 쓸 수 있다.

---

①
부탁 하나만 해도 될까?

회계사 친구에게 연말정산과 관련해서 좀 부탁했으면 하는 일이 있다.

❶ Could you do me a favor?

favor는 '호의로 하는 행동'이라는 뜻인데, do ~ a favor라고 하면 '~에게 호의를 베풀다', '~의 부탁을 들어주다'라는 뜻이 된다. Could you do me a favor?는 부탁할 때 처음에 운을 떼는 표현인데, Can I ask you for a favor?라고 말해도 좋다.

---

②
절 좀 도와주시면 감사하겠습니다.

거래처 과장님에게 업무와 관련해 도와 달라고 부탁하고 싶은 일이 있다.

❷ I'd appreciate it if you could help me.

'~하면 감사하겠습니다'라고 아주 정중하게 부탁할 때는 I'd appreciate it if ~.라는 표현을 쓴다. appreciate가 '감사하다'라는 뜻이며 it은 if 다음에 나오는 내용을 가리킨다.

---

③
내 숙제 좀 도와줄래?

수업을 같이 듣는 친구에게 숙제를 도와줄 수 있는지 물어보자.

❸ Could you help me with my homework?

'~을 도와주겠니?'라고 도움을 요청할 때는 Could you help me with ~?로 물어보자. with 뒤에 도움을 받고 싶은 일을 넣어 말하면 된다. 예를 들어 '짐 옮기는 것 좀 도와줄래?'는 Could you help me with my luggage?라고 한다.

4 창문 좀 열어 줘.

고등어를 굽고 있는데 냄새가 심해서 잠깐 환기를 했으면 좋겠다.

4 Please open the window.

동사로 시작하는 명령문 앞이나 뒤에 please 를 붙이면 부탁하는 표현이 된다. 다만 지시 에 가까운 말투이므로, 좀 더 정중하게 부탁하 고 싶다면 Can[Could] you please open the window?처럼 말해 보자.

5 돈 좀 빌릴 수 있을까요?

회사에 깜빡 하고 지갑을 안 가져와서 점심 먹을 돈이 없다. 옆 사람에게 돈 좀 꿔야겠다.

5 May I borrow some money?

돈을 빌리는 것처럼 다른 사람에게 '~해도 될까 요?' 하고 정중하게 부탁할 일이 있을 때는 Can I ~?보다 정중한 표현인 May I ~?를 써서 말해 보자. 이 뒤에 I left my wallet at home.(집에 지갑을 두고 왔어요.)처럼 말해도 좋다.

6 괜찮으시다면
히터를 꺼도 될까요?

회의 중인데 난방 온도가 너무 높은지 땀이 난다.

6 If you don't mind, can I turn off the heater?

If you don't mind는 '당신이 싫어하지 않는 다면'이란 뜻으로, 부탁하는 표현 앞에 넣어 말 하면 더 정중하게 들린다. '(전자기기를) 끄다'는 turn off라고 한다.

제안할 때
Making a Suggestion

>>> 미션

 상대방에게 어떤 일을 하자고
제안하고, 상대방이 한 제안을
받아들이거나 예의 바르게 거절하라!

>>> 미션 표현   먼저 제안할 때 쓸 수 있는 표현을 챙겨라

☐ 점심[저녁]식사를 하다 **have lunch [dinner]**   ☐ 집에서 파티를 하다 **have a house party**

☐ 함께 하다 **join**   ☐ 쇼핑하러 가다 **go shopping**

☐ 코트를 입다 **wear a coat**   ☐ 서두르다 **hurry up**

☐ 병원에 가다 **see a doctor**   ☐ 영화 보러 가다 **go to the movies**

☐ 스노보드 타러 가다 **go snowboarding**   ☐ 해변에 가다 **go to the beach**

☐ 어울려 놀다 **hang out**   ☐ 캠핑 가다 **go camping**

친구와 길을 가고 있는데 저쪽에서 길거리 공연이 열리고 있다.

회사 점심시간. 옆 자리에 앉은 길버트에게 같이 점심을 먹자고 권해 보자.

① 와! 좀 봐!

② 우리랑 같이 점심 먹을래요?

① Wow! Look!

한국 사람들은 영어로 명령문을 쓰는 것을 망설이는 경향이 있다. 하지만, 반드시 '봐라'라는 명령이 아니더라도 가볍게 제안할 때 Look!처럼 동사로 시작하는 명령문을 쓸 수 있다. '잠깐 봐라'라는 의미로 Take a look.도 곧잘 쓴다.

② Do you want to have lunch with us?

친근한 상대에게 '~할래요?'라고 권유할 때는 'Let's + 동사.'나 'Shall we + 동사?' 보다도 '~하길 원해요?'라는 뜻의 'Do you want to + 동사?'를 많이 쓴다. 가볍고 친근한 느낌으로 상대의 의향을 물어보는 표현이다. 구어체에서는 want to를 wanna 라고 줄여서 말하기도 한다.

종강 기념으로 저녁식사를 하기로 했다.
교수님도 초대해 볼까?

3 저희랑 오늘 저녁에
같이 식사하시겠어요?

밖에 바람이 많이 분다. 옷을 얇게 입고 밥
먹으러 가려는 직장동료에게 조언하자.

4 코트 입는 게 좋을 것 같아.

친구가 아무래도 몸이 좋지 않은 것 같다.

5 병원에 가 보는 게 어떨까?

한국어가 잘 늘지 않아 고민하고 있는
유학생 친구에게 조언해 주자.

6 선생님과 상담해 보면
좋을 것 같아.

③ Would you like to join us for dinner tonight?

교수님이나 상사처럼 윗사람에게 '~하시겠어요?'라고 공손하게 뭔가를 권유할 때는 'Do you want to + 동사?'보다 정중한 표현인 'Would you like to + 동사?'를 사용해서 말해 보자. join은 '(어떤 일에) 함께 하다'라는 뜻인데, join us for ~는 '우리와 같이 ~하다'라는 의미가 된다.

④ I think you should wear a coat.

should는 '~하는 편이 좋아'라고 제안하거나 조언할 때 쓰는 조동사이다. I think you should ~.는 '내 생각에 넌 ~해야 할 것 같다'라고 강하게 권유하는 표현으로, 일상회화에서 대단히 자주 쓰는 표현이다. 반대로 '~하지 않는 편이 좋아'라고 할 때는 shouldn't를 사용한다. 예를 들어 '너 그거 안 사는 편이 좋을 것 같아'는 I think you shouldn't buy it.이라고 한다.

⑤ Why don't you go see a doctor?

친한 사이에서 '~하면 어때?', '~하는 게 좋지 않아?'라고 가볍게 제안할 때 쓰는 말이 'Why don't you + 동사?'이다. 예를 들어 '좀 누워서 쉬는 게 어때?'는 Why don't you lie down?이라고 한다. 한편 '병원에 가다'는 go (to) see a doctor(의사를 보러 가다)라고 표현한다. 구어체에서는 to를 생략하고 go 뒤에 바로 동사를 넣어서 말하기도 한다. 한편 go to the hospital은 '(입원하러) 종합병원에 가다'라는 뜻이므로 잘 구분해서 사용하자.

⑥ You might want to talk to the teacher about it.

'You might want to + 동사.'는 직역하면 '당신은 ~하고 싶은지도 몰라요'인데 실제 의미는 '~하면 좋을 것 같아요'라는 뜻이다. 일방적인 조언처럼 들리지 않도록 조심스럽게 돌려 말하고 싶을 때 즐겨 쓰는 표현이다. 비슷한 표현인 'You might have to + 동사.'는 '~해야만 할 지도 몰라요'란 뜻인데 좀 더 해야 한다는 어감이 강하다.

친하게 지내는 마케팅 팀 로라가 같이
점심을 먹으러 가자고 한다.

7 좋아.

거래처와 미팅이 끝난 후 함께 식사하자는
제안을 받았다.

8 기꺼이 같이 가겠습니다.

친구가 같이 스노보드를 타러 가자는데
추워서 꼼짝도 하기 싫다.

9 고맙지만 사양할게.

B O N U S +

친구가 놀이공원에 같이 가자고 하는데,
대환영이다.

That sounds like fun.
그거 재미있겠다.

❼ Sounds great.

Do you wanna have lunch today?
오늘 점심 먹을래?

상대방이 Do you wanna[want to] ~?로 어떤 일을 제안할 때, 제안에 응하고 싶다면 가벼운 자리에서 자주 쓰는 표현인 That sounds great[good].으로 답해 보자. 직역하면 '그것이 훌륭하게[좋게] 들려요'니까 상대방의 제안에 좋다는 의미가 된다. That을 생략하고 Sounds great[good].이라고만 해도 좋다. Sure. 또는 Okay.로 제안을 수락할 수도 있다.

❽ I would love to.

Would you like to join us for dinner?
저녁 식사 함께 하시겠습니까?

정중한 제안을 나타내는 'Would you like to + 동사?'에 긍정적으로 답할 때는 '기꺼이 하겠습니다', '그러고 싶어요'라는 뉘앙스를 가진 I would love to. 또는 I would like to.로 답해 보자. Sounds great.에 비해 정중한 느낌을 주는 대답이다. would love to와 would like to 모두 같은 뜻인데 전자가 좀 더 친근한 느낌을 준다. I'd love to. 또는 I'd like to.처럼 줄여서 말해도 좋다.

❾ Thanks, but I think I'll pass.

We're going to go snowboarding. Do you want to go?
우리 스노보드 타러 갈 건데 같이 갈래?

상대방의 제안은 고맙지만 거절하고 싶을 때는 Thanks, but ~으로 문장을 시작하면 좋다. I'll pass.는 직역하면 '나는 통과할게, 나는 넘어갈게'라는 의미인데, 제안을 사양하고 싶을 때 '안 할래' 하고 거절하는 표현이다. 앞에 I think ~를 넣으면 좀 더 부드럽게 들린다. 또는 거절할 때 I'm sorry, but ~으로 뒤에 거절하는 이유를 넣어 '미안하지만 ~'이라고 말할 수도 있다. 예를 들어 I'm sorry, but I have other plans.(미안하지만 다른 약속이 있어.)처럼 거절하면 된다.

남자친구가 전화해서 놀러 가자고 하는데
비가 많이 와서 꼼짝도 하기 싫다.

⑩   오늘은 별로
밖에 나가고 싶지 않아.

대학 친구에게 파티에 초대받았는데 마침
그때 다른 약속이 있다.

⑪   가고는 싶은데 일이 있어.

난 심각한 음치인데 노래방에서 친구가
계속 마이크를 넘겨 주려고 한다.

⑫   나 노래 잘 못 해.

B O N U S +

친구가 쇼핑 가자고 하는데 별로 가고
싶지 않다.

**I'm not in the mood to go
shopping.**
쇼핑 갈 기분이 아니야.

⑩ I don't feel like going out today.

Do you want to hang out?
놀러 갈래?

'I don't feel like + 동사ing.'는 '~할 기분이 아니다'라는 뜻으로 어떤 일이 귀찮아서 하기 싫다고 거절할 때 많이 쓰는 표현이다. 반대로 긍정문인 'I feel like + 동사ing.'는 '~하고 싶은 기분이다', 즉 '~하고 싶다'라는 뜻이다. I feel like eating out.(외식하고 싶어.)처럼 쓴다. 한편 제안을 거절할 때 I'm not in the mood to + 동사.(~할 기분이 아니야.)라는 표현도 쓰는데, I'm not in the mood to go shopping.(나 쇼핑할 기분이 아니야.)처럼 말한다.

⑪ I wish I could, but I have plans.

I'm having a house party this weekend. Why don't you come?
이번 주말에 집에서 파티 할 건데 올래?

I wish I could, but ~은 '그렇게 하고는 싶지만~'이라는 뜻으로, 도저히 가지 못할 사정이 있어 상대의 초대를 거절할 수밖에 없을 때 쓴다. 딱히 이유를 설명하고 싶지 않을 때는 간단하게 I wish I could, but I can't.라고만 말해도 좋다. 참고로 '일이 있어'라고 할 때 '일'은 plans(계획)라고 표현한다.

⑫ I'm a bad singer.

Come on! Sing!
자, 어서! 노래해 봐!

상대의 제안이나 권유를 거절할 때는 '~을 잘하지 못해서요'라고 말하며 거절하는 방법도 있다. 이때는 'I'm a bad + 명사.'로 말하면 되는데 여기서 bad는 '나쁜'이란 뜻이 아니라 '잘 못 하는'이라는 뜻으로 쓰였다. 예를 들어 골프 초대를 받았을 경우에도 I'm a bad golfer.(골프는 잘 못 쳐요.)라고 답하며 거절할 수 있다. 참고로 '노래 못해요'는 I'm not good at singing.이라고 해도 된다.

① 우리 쇼핑하러 가자.

친구와 내 겨울 코트 둘 다 너무 낡았다.
새 코트를 장만해야겠다.

❶ Let's go shopping.

Let's는 Let us의 줄임말로 '우리 ~하자'라는
뜻이다. 어떤 일을 하자는 일방적인 제안이라
다소 강요하는 것처럼 들릴 수도 있으니 손윗사
람에게는 쓰지 않도록 주의하자.

② 서두르는 게 좋겠어.

친구와 영화관에 가는 중인데, 영화 시작
시간까지 얼마 남지 않았다.

❷ We'd better hurry up.

'd better는 had better의 줄임말인데, '~하는
게 좋다'라는 뜻으로 should와 비슷한 의미를
갖는다. We'd better ~.는 강하게 제안할 때 쓰
는 표현이다. 반면 You'd better ~.라고 하면 다
소 명령조의 표현으로 질책의 의미가 섞여 있
다. 따라서 손윗사람에게는 사용하지 않도록 주
의하자.

③ 우리 영화 보러 가면 어때?

여자친구와 주말에 만나 뭘 하고 놀지 의논
하고 있다.

❸ Why don't we go to the movies?

Why don't we ~?는 '우리 함께 ~하는 게 어
때?'라는 뜻으로 Why don't you ~?와 마찬가
지로 가볍게 뭔가를 제안할 때 쓸 수 있는 표현
이다. '영화 보러 가다'는 go to the movies라
고 한다.

4 해변에 가는 건 어때?

친구들과 여행 와서 내일 일정을 짜고 있다. 오전에는 뭘 하면 좋을까?

❹ How about going to the beach?

'해변에 가다'는 go to the beach이며, 친구들 사이에서 '~하는 게 어때?'라고 가볍게 제안할 때는 'How[What] about + 동사ing?'를 쓴다. How about lunch?(오늘 점심 어때?)처럼 뒤에 명사를 써서 '~이 어때?'라고 제안할 수도 있다.

5 좋은 생각이야.

황금 연휴를 맞이해 친구가 캠핑을 가자고 한다. 신난다!

❺ That's a good idea.

친구: Do you want to go camping?
　　　캠핑 갈래?

'좋은 생각이야'라는 뜻의 That's a good idea. 는 제안을 받아들일 때 많이 쓰는 표현이다. 간단히 Good idea!라고만 해도 좋다.

6 미안하지만 안 될 것 같아요. 너무 바빠서요.

직장동료가 퇴근 후 술을 마시자고 하는데 일이 너무 바빠서 거절해야겠다.

❻ I'm afraid I can't. I'm too busy.

직장동료: How about a drink after work?
　　　　　퇴근 후에 한잔 어때요?

상대방의 제안을 정중하게 거절할 때는 '미안하지만 ~할 것 같다'라는 뜻의 I'm afraid (that) ~. 으로 말해 보자. 유감스러운 내용을 전달할 때 많이 쓰는 표현이다.

잡담할 때

Making Small Talk

>>> 미션

📢 달리 할 말이 없을 때, 분위기가
어색해지지 않게 이야기를 나눠라!
날씨 이야기나 근황 등 짧은 잡담으로
분위기를 살려라!

>>> 미션 표현   먼저 날씨와 관련된 표현을 챙겨라

☐ 따뜻한 **warm**

☐ 더운 **hot**

☐ 습도가 높은 **humid**

☐ 무더운, 후텁지근한 **muggy**

☐ 선선한 **cool**

☐ 쌀쌀한 **chilly**

☐ 추운 **cold**

☐ (얼어붙을 만큼) 추운 **freezing**

☐ 맑은 **sunny**

☐ 비가 오는 **rainy**

☐ 눈이 오는 **snowy**

☐ 바람이 부는 **windy**

☐ 흐린 **cloudy**

☐ 안개 낀 **foggy**

92

점심시간에 팀 사람들과 밖에 나가는데 창 밖으로 보이는 하늘이 맑고 화창하다.

같이 외근 나온 동료와 전철을 기다리는 동안 간단한 이야기라도 나눠 보자.

❶ 날씨 정말 좋네요.

❷ 오늘 진짜 습하네요.

❶ It's a great day.

날씨를 말할 때는 it을 주어로 쓴다. 날씨가 좋다고 할 때는 It's a great day.라고 말할 수 있는데, great 대신 nice, fine, lovely 같은 형용사를 넣어서 말해도 좋다. 그 외에도 It's sunny today.(오늘 맑네요.), What a beautiful day!(정말 좋은 날씨군요!), Nice day we're having.(좋은 날씨네요.) 등으로 다양하게 말할 수 있다.

❷ It's really humid today.

humid는 '습도가 높은, 날씨가 습한'이라는 뜻이다. 비슷한 표현으로 muggy(후텁지근한, 무더운)와 sticky(날씨가 끈적끈적한)라는 단어를 써서 말해도 좋다. 모두 덥고 습도가 높아 불쾌하게 느껴지는 날씨를 묘사하는 단어이다. 참고로 '올해는 엄청나게 덥네요.'는 It's really hot this year.라고 한다.

하늘이 심상치 않다. 이거 한바탕 쏟아져 내리겠는걸.

영업부 과장님도 지금 퇴근하는 모양이다. 가볍게 대화를 나누자.

③ 날씨가 안 좋네요.

④ 비가 그쳤으면 좋겠어요.

별로 안 친한 직원을 만났다. 엘리베이터를 기다리는 동안 할 말이 없어 어색한걸.

B O N U S +

요즘은 계속 날씨가 화창한데 내일 날씨는 어떠려나?

What's the weather forecast for tomorrow?
내일은 일기예보가 어때요?

⑤ 엘리베이터가 진짜 안 오네요.

❸ The weather doesn't look good.

날씨가 '안 좋다'라고 할 때는 doesn't look good(좋아 보이지 않는다)이라고 표현해 보자. 여기에 덧붙여 이야기를 이어나갈 때는 Hopefully, it won't rain.(비가 안 왔으면 좋겠네요.) 또는 The forecast said it's going to start raining in the evening.(일기예보에서 저녁부터 비가 온다고 했어요.) 같은 표현을 사용할 수 있다.

❹ I wish the rain would stop.

I wish ~.는 '~이었으면 좋겠다'라는 뜻으로, 지금 일어나지 않은 일을 원한다고 말할 때 쓰는 표현이다. 이때 I wish 다음에는 과거시제의 문장이 오는데, 예를 들어 '자동차가 있으면 좋겠다'는 I wish I had a car.라고 한다. 마찬가지로 '비가 그칠 것이다'는 the rain will stop이므로, will의 과거형인 would를 써서 말하면 된다.

❺ It's taking the elevator a long time.

'엘리베이터가 진짜 안 온다'는 '엘리베이터가 오는 데 오랜 시간이 걸리고 있다'라는 뜻이다. '내가 ~하는 데 오랜 시간이 걸렸다'를 'It took me a long time to + 동사.'라고 하는데, 이와 같은 형식으로 문장을 만들면 It's taking the elevator a long time to come.이 된다. 여기서 문장 끝의 to come(오는 데)은 생략할 수 있다. 마찬가지로 '전철이 오는 데 좀 오래 걸리네요'는 It's taking the train a long time (to come).이라고 한다.

>>> 미션 힌트   날씨 표현하기

한국과 마찬가지로 서양에서도 날씨는 상대를 가리지 않고 가장 무난한 화제이다. 날씨와 관련된 표현을 알아 두면 써 먹을 일이 많으니 이런저런 표현을 익혀 두자.

☐ 비가 오고 있어요. **It's raining.**
☐ 눈이 오고 있어요. **It's snowing.**
☐ 폭우가 내리고 있어요. **It's raining really hard.**
☐ 비가 그쳤어요. **It stopped raining.**

☐ 날씨 어때요? **How's the weather?**
☐ 봄 날씨 같아요. **It's like spring.**
☐ 날이 맑고 화창해요. **It's clear and sunny.**
☐ 날씨가 따뜻해지고 있네요. **It's getting warm.**

얼마 전 퇴사한 송 대리와 친한 사이라고 들었는데, 송 대리 근황이나 물어보자.

진짜 할 얘기가 없네. 이번에는 여름 휴가 이야기라도 꺼내 볼까?

6   송 대리와는 최근에
만나신 적 있으세요?

7   여름 휴가 때는
어디 좀 다녀 오셨어요?

영어 학원 선생님이 "주말에는 무엇을 했어요?"라고 물어본다.

그럼 어제는 뭘 했냐고 물어본다.

8   별일은 없었어요.
집에서 하루 종일 뒹굴었어요.

9   직장동료들과
한잔하러 갔어요.

⑥ Have you met Ms. Song lately?

'~한 적이 있습니까?'라고 물어볼 때는 현재완료형을 써서 질문하면 된다. '최근에'는 lately라고 한다. 또는 Have you heard about ~?(~의 소식 들으셨어요?)을 사용해 지인의 근황을 물어봐도 좋다.

⑦ Did you go anywhere for summer vacation?

여름 휴가 때 아무 데도 가지 않고 집에 있었을 수도 있으니 '어딘가에 다녀오셨어요?'라는 의미로 Did you go anywhere ~?로 질문하자. 참고로 '휴가는 어떻게 보내셨나요?'는 How did you spend your vacation?이라고 한다. 이렇게 질문을 받았다면 I went on a family trip.(가족 여행을 다녀왔어요.) 또는 I took it slow at home.(집에서 느긋하게 보냈어요.) 등으로 대답하면 된다.

⑧ Nothing special. I vegged out all day.

What did you do this weekend?
주말에는 뭐 했어요?

Nothing special.은 직역하면 '특별한 것은 없었다'라는 뜻인데, '별일 없었다'라고 할 때 이렇게 말한다. 한편 veg out은 '(TV를 보거나 하면서) 집에서 빈둥빈둥하다'라는 뜻인데, 친구들 사이에서 많이 쓰는 격식 없는 표현이다. 참고로 '하루 종일 TV를 봤어요'는 I watched TV the whole time.이라고 말해 보자.

⑨ I went for a drink with my colleagues.

What did you do yesterday?
어제는 뭐 했어요?

'한잔하러 가다', 즉 '술 마시러 가다'는 go for a drink라고 한다. drink는 명사로 '술'이라는 뜻이 있다. 참고로 '노래방에 갔어요'는 I went to karaoke.라고 하며, '친구들과 카페에 갔어요'는 I went to a café with my friends.라고 한다.

①
오늘 춥네요. 안 그래요?

출근하는 길에 회사 입구에서 직장동료를 만났다.

① It's cold today, isn't it?

날씨를 말할 때는 기본적으로 'It's + 날씨를 나타내는 형용사.'로 말하면 된다. 이 뒤에 isn't it?(안 그래요?)을 붙여 상대방에게 동의를 구해 보자. Isn't it cold today?라고 해도 좋다.

②
날이 쌀쌀해졌네요.

옆 팀 팀장님과 단둘이 엘리베이터에 탔다. 할 말도 없는데 날씨 이야기나 할까?

② It's getting chilly.

'(날씨가) ~해졌다'라고 할 때는 'It's getting + 형용사.'로 표현한다. chilly는 '쌀쌀한'이란 뜻인데, 아주 추울 정도까진 아니지만 으슬으슬함을 느낄 정도의 날씨에 사용한다. It's getting colder.(더 추워지고 있네요.)처럼 비교급을 넣어 말해도 좋다.

③
오늘 비가 올 것 같아요?

하늘에 구름이 잔뜩 끼어 있다. 오늘 비가 온다고 했나? 옆 사람에게 물어보자.

③ Do you think it will rain today?

Do you think (that) ~?은 '~일 거라고 생각해요?'란 뜻으로 상대방의 의견을 물어볼 때 쓰는 표현이다. Will it rain today?(오늘 비가 올까요?)라고만 해도 좋다.

④ Do you have any plans for this weekend?

④ 이번 주말에 무슨 계획 있어요?

금요일 점심시간, 팀 사람들과 식사를 하며 주말에 뭘 할지 물어보자.

미래에 대한 상대방의 계획(plan)이 궁금할 때는 Do you have any plans for ~?로 물어보자. 좀 더 구체적으로 '이번 주말 계획은 뭐예요?'라고 물을 때는 What are your plans for this weekend?라고 한다.

⑤ Have you seen any movies lately?

⑤ 최근에 영화 본 적 있어요?

오랜만의 소개팅이다. 어색한 분위기도 깰겸 최근에 본 영화가 있는지 물어보자.

최근에 '~한 적 있어요?'라고 상대방의 근황을 물을 때는 현재완료형인 Have you ~?를 활용해서 말해 보자. 예를 들어 '최근에 책 읽은 적 있어요?'는 Have you read any books lately?라고 한다.

⑥ Are you interested in sports?

⑥ 스포츠에 관심 있어요?

공통 관심사를 좀 찾았으면 좋겠는데… 좋아하는 스포츠가 있을까?

be interested in은 '~에 관심이 있다', '~에 흥미가 있다'라는 뜻이다. 관심이 있는지 물어볼 때는 Are you interested in ~?으로 말해 보자. 참고로 '어떤 스포츠를 좋아하세요?'는 What's your favorite sport?라고 한다.

수업에서

In a Class

>>> **미션**

📢 학교나 학원에서 수업을 받을 때,
선생님에게 수업에 대해 질문하고
영어에 대해 모르는 것도 물어라!

>>> **미션 표현** 먼저 관련 표현을 챙겨라

☐ 선생님 **teacher**

☐ 수업, 학급 **class**

☐ 설명하다 **explain**

☐ 확인하다 **check**

☐ 철자를 쓰다 **spell**

☐ 화이트보드 **whiteboard**

☐ 사전 **dictionary**

☐ 숙제 **homework**

☐ 보고서, 리포트 **report**

☐ 철자 **spelling**

☐ 발음 **pronunciation**

☐ 표현 **expression**

☐ 문장 **sentence**

☐ 단어 **word**

무섭기로 유명한 선생님 수업에 그만 지각했다. 교실에 들어가면서 빨리 사과하자.

1 늦어서 죄송합니다.

선생님이 설명하는 내용 중에 잘 이해가 안 가는 부분이 있다.

2 질문 하나 드려도 될까요?

1 I'm sorry I'm late.

늦게 온 것을 사과할 때는 I'm sorry I'm late.란 표현을 일상적으로 많이 쓴다. I'm은 생략하고 Sorry I'm late.라고 해도 좋다. 지각한 이유를 낼 때는 The train stopped due to an accident.(사고로 열차가 멈췄어요.), The roads were jammed. (길이 너무 막혔어요.), I missed my bus.(버스를 놓쳤어요.) 등으로 말해 보자.

2 Could I ask you a question?

한국 사람들은 질문할 때 우물쭈물하는 경향이 있는데 영어권 사람들은 수업에서도 적극적으로 질문하는 것을 좋아한다. Could I ~?는 Can I ~?보다 좀 더 정중하게 '~해도 될까요?' 하고 묻는 표현인데, I have a question.(질문 있습니다.) 또는 I'd like to ask something.(뭐 좀 여쭤보고 싶은데요.)이라고 말하면서 질문해도 좋다. 참고로 교사가 학생이 잘 이해하고 있는지 확인할 때는 Are you with me? 또는 Do you follow me?(따라오고 계세요?)라고 물어본다.

화이트보드에 선생님이 말한 단어를 써 보라고 하는데 자신이 없다.

과제 프린트를 받았는데 언제까지 내는 건지 모르겠다.

3 철자가 맞는지 잘 모르겠어요.

4 이거 언제까지 제출해야 하나요?

수업 시작 전에 선생님에게 조퇴하겠다고 미리 말씀 드려 놓자.

출장 때문에 다음 주는 학원에 빠져야 하니 미리 이야기해 놓자.

5 오늘은 2시에 조퇴해도 될까요?

6 다음 주는 결석해야 할 것 같아요.

❸ I'm not sure if the spelling is correct.

> **Could you write the word on the whiteboard?**
> 화이트보드에 단어를 써 보겠어요?

'~인지 잘 모르겠다'라고 할 때는 sure(확신하는)의 부정형을 활용해서 I'm not sure if ~.로 말하면 된다. 여기서 if는 '~하면'이라는 뜻이 아니라 '~인지 아닌지'라는 뜻을 갖는다. 영어 철자(spelling)뿐 아니라 문장(sentence)이나 문법(grammar)에 대해서도 '맞는지 아닌지 잘 모르겠어요'라고 할 때 I'm not sure if it's correct.라고 말할 수 있다.

❹ When is this due?

'제출하다'는 turn in이라고 하는데 굳이 이런 표현을 써서 말할 필요는 없다. '(도착/제출 등을) 해야 한다, 할 예정이다'라는 의미의 be due를 써서 When is this due?라고 하면 간단하게 표현할 수 있다. 참고로 '보고서는 다음 주 금요일까지입니다'는 The report is due next Friday.라고 하며, 친구에게 '보고서 제출했니?'라고 물어볼 때는 Have you turned in your report?라고 하면 된다.

❺ Is it okay if I leave at 2 p.m. today?

Is it okay if I ~?는 '~해도 될까요?', '~해도 괜찮을까요?'라는 의미인데, 격식 없는 표현이지만 Can I ~?보다는 조심스럽게 묻는 뉘앙스가 있다. 조퇴나 결석처럼 말하기 껄끄러운 일을 물어볼 때 사용하면 좋다. '조퇴하다'는 '떠나다'라는 뜻의 동사 leave 한 단어로 표현 가능하다.

❻ I won't be able to come to class next week.

'결석하다'는 be absent라고 해도 되지만, 영어로는 '수업에 올 수가 없다'라고 말하는 편이 더 자연스럽다. be able to(~할 수 있다) 앞에 미래를 부정하는 won't를 붙여 말해 보자. 결석하는 이유를 덧붙일 때는 I have work.(일이 있습니다.) 또는 I have a business trip.(출장을 갑니다.) 등으로 말하면 된다.

수업 시간에 선생님이 말하는 단어를
도저히 받아 적지 못하겠다.

오늘 수업에는 처음 듣는 단어가 많네.
모르는 단어 뜻을 물어보자.

7 철자가 어떻게 되나요?

8 amiable은 무슨 뜻인가요?

선생님이 영어 단어 뜻을 설명해 주는데,
영어로 들으니 선뜻 이해가 안 간다.

선생님께 모르는 표현을 여쭤 보자.

9 잠깐 사전 좀
찾아 보게 해 주세요.

10 '배고파요'는
영어로 뭐라고 하나요?

❼ How do you spell that?

spelling은 '철자'라는 의미의 명사, spell은 '철자를 말하다, 철자를 쓰다'라는 의미의 동사이다. 단어의 철자가 궁금할 때는 What's the spelling?이라고 물어봐도 되지만 주어를 you로 하여 '당신은 그것(그 단어)의 철자를 어떻게 쓰나요?'라고 질문해도 좋다. 참고로 상대방에게 '이름 철자가 어떻게 되세요?'라고 질문할 때도 How do you spell your name?이라고 한다.

❽ What does "amiable" mean?

단어의 의미가 궁금할 때는 mean(의미하다)이라는 동사를 사용해 위와 같이 What does ~ mean?이라고 물어보자. What means "amiable"?처럼 잘못 말하지 않도록 주의하자. meaning(의미, 뜻)이라는 명사를 써서, What's the meaning of ~? 라고 해도 좋다. 참고로 amiable은 '쾌활한, 정감 있는'이란 뜻의 형용사이다.

❾ Let me look it up in my dictionary.

Let me ~는 '제가 ~하게 해 주세요'라고 간단하게 허가를 구하는 표현인데, '제가 ~할게요'라고 의역해도 좋다. Let me 다음에는 동사원형이 온다. 한편 look up은 '(사전, 자료, 컴퓨터 등에서 정보를) 찾아보다'라는 의미이다. 예를 들어 '구글에서 검색 좀 해 볼게요'라고 할 때는 Let me look it up on Google.이라고 한다.

❿ How do you say *baegopayo* in English?

어떤 단어나 문장을 영어로 어떻게 말하는지 궁금할 때는 How do you say ~ in English?라고 물어보자. How do you spell that?(철자가 어떻게 되나요?)과 마찬가지로 주어를 you로 해서 말하면 된다. 한편 물건을 가리키면서 '이건 영어로 뭐라고 해요?'라고 물어볼 때는 What's this called in English?라고 한다.

영어 리포트 초안에 잘못된 곳이 없는지
선생님에게 검토해 달라고 부탁하자.

이 표현이 맞는지 불안한데….
혹시 콩글리시가 아닌지 걱정된다.

⑪ 영어 좀 확인해 주실 수
있을까요?

⑫ 이 표현은 자연스러운가요?

선생님 앞에서 지문을 읽다가 읽지 못하는
단어가 나왔다.

화상 강의로 1:1 영어 코칭을 받고 있다.
선생님에게 내 영어 교정을 부탁하자.

⑬ 이건 어떻게 발음하나요?

⑭ 만약에 제 영어가 틀렸다면
그때마다 고쳐 주시겠어요?

⓫ Do you think you could check my English?

'(문제가 있는지 알아보려고) 확인하다, 점검하다'는 동사 check를 쓴다. '영어 좀 확인해 주실래요?'라고 부탁할 때는 Could you check my English?라고만 해도 괜찮지만, 이렇게 Do you think (maybe) you could check my English?라고 하면 더 정중하게 부탁할 수 있다.

⓬ Does this expression sound natural?

'이 표현은 자연스러운가요?'를 직역하면 Is this expression natural?이 되지만, 영어로는 '이 표현이 자연스럽게 들리나요?'라고 물어보는 것이 더 적당하다. sound는 '~처럼 들리다'란 뜻이며, natural은 '자연스러운'이란 뜻이다. 참고로 선생님께 '제가 말한 의미를 아시겠어요?'라고 확인할 때 Do you understand me?라고 하면 자칫 건방지게 들릴 수 있다. 이때는 Does my English make sense?(제 영어가 의미가 통하나요?)라고 물어보자.

⓭ How do you pronounce this?

'발음하다'라는 뜻의 동사는 pronounce이다. '발음'이라는 뜻의 pronunciation을 써서 What's the pronunciation of this?라고 물어봐도 좋다. 참고로 '이거 어떻게 발음하는지 잘 모르겠어요'는 I don't know how to pronounce this.라고 한다.

⓮ Could you correct me whenever my English is wrong?

correct는 형용사로는 '옳은'이란 뜻이지만 동사로는 '(실수, 오류를) 고치다, 바로잡다'라는 의미가 있다. correct me는 '나(의 실수)를 정정하다'라는 뜻이며 '제 발음을 고쳐 주시겠어요?'라고 할 때도 correct를 써서 Could you correct my pronunciation?이라고 한다. 한편 whenever는 '~할 때는 언제라도'라는 의미의 접속사인데, 뒤에는 '주어 + 동사'의 어순이 된다.

① 다음 주 수업 시간을 변경할 수 있을까요?

다음 주 개인 과외 시간을 변경해 달라고 부탁하자.

① Can we change the time of next week's lesson?

개인 과외는 선생님과 나, 두 사람 모두의 시간이므로 you가 아니라 we(선생님과 나)를 주어로 하여 Can we ~?라고 물어보는 편이 자연스럽다. '다음 주 수업 시간'은 the time of next week's lesson이다.

② 죄송한데, 오늘은 수업에 못 갈 것 같아요.

회사에 급한 일이 생겼다. 학원 선생님에게 연락해 결석한다고 말해야겠다.

② I'm sorry. I can't make it to class today.

make it은 '(목적지에) 다다르다', '(제시간에) 대다', '(힘든 일을) 버텨 내다' 등 다양한 뜻을 갖는 표현이다. '(수업이나 회의에) 참석하다'라는 뜻도 있으므로 '수업에 못 갈 것 같다'라고 할 때 can't make it to class라는 표현을 쓴다.

③ 제가 수업에서 잘하고 있는 건가요?

석 달째 수업을 듣고 있는데 영어가 늘고 있는 것 같지 않다. 선생님에게 상담해 볼까?

③ How am I doing in class?

자신의 상태를 물어볼 때는 자칫 이상하게 들릴지도 모르지만 How am I ~?의 형태로 물어보면 자연스럽다. 자신이 잘하고 있는지 확인하고 싶을 때는 이와 같이 '제가 어떻게 하고 있나요?'라고 질문해 보자.

④ Could you explain this part again?

이 부분을 다시 한 번 설명해 주시겠어요?

선생님이 가르쳐 준 부분을 잘 이해하지 못했다. 다시 설명해 달라고 부탁하자.

잘 이해가 안 가는 부분을 다시 설명해 달라고 정중하게 부탁할 때는 'Could you + 동사?'로 요청해 보자. '설명하다'는 explain, '부분'은 part라고 한다.

⑤ What's the difference between "store" and "shop"?

store와 shop의 차이는 무엇인가요?

두 단어를 어떻게 구분해서 써야 할지 감이 잘 안 잡힌다.

'차이'는 difference라고 하며 'A와 B의 차이'는 the difference between A and B라고 한다. 비슷한 두 단어의 차이점이 궁금할 때 많이 쓸 수 있는 표현이니 꼭 외워 두자.

⑥ Could you give me some examples?

예를 몇 개만 들어 주시겠어요?

선생님이 단어 뜻을 설명해 줬는데 여전히 이해가 안 된다. 예문이 있으면 좋겠는데.

example은 '예, 보기'란 뜻인데, '몇 가지 예를 들다'를 give some examples라고 한다. examples 대신 '예문'이란 뜻의 example sentences를 넣어 말해도 괜찮다.

공항에 마중 갈 때

Picting Someone up at the Airport

* Scene *
14

>>> 미션

📢 해외에서 방문한 손님을 공항에서 마중하라! 함께 호텔로 이동하면서 교통편을 안내하고 한국 방문에 대해 대화를 나눠라!

>>> 미션 표현   먼저 관련 표현을 챙겨라

☐ 공항 **airport**

☐ 입국장 **arrival hall**

☐ 비행기 여행, 항공편 **flight**

☐ 짐 **luggage**

☐ 카트 **cart**

☐ 기차, 열차 **train**

☐ 기차역 **train station**

☐ 표 **ticket**

☐ 사고 **accident**

☐ ～를 태워 주다 **give ~ a ride**

☐ 예약하다 **reserve, book**

☐ 머무르다, 체류하다 **stay**

공항에 도착한 거래처 손님과 만났다.
장거리 비행이라 힘들었을 것 같다.

얼추 인사를 끝내고 슬슬 출발해 볼까?

1 비행기 여행은 편안하셨어요?

2 그럼 출발하실까요?

1 Did you have a nice flight?

오랜 시간 비행기를 타고 온 사람과 만났을 때 영어에서는 이와 같이 '편안한 비행기 여행을 하셨나요?'라고 물어보는 것이 자연스럽다. flight가 '비행기 여행, 비행'이라는 뜻이다. '비행기 여행은 어떠셨나요?'라는 의미로 How was the flight?라고 물어도 좋다.

2 Are you ready to go?

출발하자고 할 때 Let's go.라고 말하면 '빨리 가시죠'라고 일방적으로 재촉하는 것처럼 들릴 수도 있다. be ready to(~할 준비가 되다)를 활용해 '갈 준비가 되셨나요?'라고 상대방의 의향을 묻는 형태로 말하면 훨씬 세련되게 들린다. 또는 Why don't we go?(같이 가시겠어요?)나 Do you want to go?(가실까요?)라고 해도 좋다. 한층 더 정중하게 말하고 싶다면 Would you like to go?라고 말해 보자.

짐이 무거워 보인다.
짐 나르는 것을 좀 도와줘야겠다.

예전에 한국에 온 적이 있다고 들었는데.
그게 언제였더라?

③ 짐 좀 들어 드릴게요.

④ 지난번에 여기 오셨을 때가
언제였죠?

2년 전에 출장으로 한국에 왔었다는데
어디를 가 봤는지 궁금하다.

⑤ 지난번에 여기 오셨을 때는
어디에 가셨나요?

B O N U S +

예전에 한국을 방문했을 때는 다른 도시에
갔었는지 궁금하다.

**Did you go anywhere else
in Korea?**
한국에서 다른 데는 어디 가 보셨어요?

❸ Let me help you with your luggage.

'제가 ~할게요'라고 도움의 손길을 내밀 때는 **Let me ~.**(제가 ~하게 해 주세요.)로 말해 보자. 상대에게 부담을 주지 않으면서도 정중하고 좋은 인상을 준다. help A with B는 'A가 B를 하는 것을 돕다'라는 의미이다. 또는 'A가 ~하는 것을 돕다'라는 의미의 'help A + 동사'를 써서 **Let me help you carry your bags.**(가방 나르는 걸 도와 드릴게요.)라고 말해도 좋다.

❹ When was the last time you came here?

'언제 여기 방문했었나요?'라는 뜻으로 **When did you visit here?**라고 해도 되지만, '당신이 여기 왔던 마지막 시점은 언제인가요?'라고 물어봐도 좋다. the last time you came here는 '당신이 여기 왔던 마지막 시점'이라는 의미이다. '지난번, 저번'은 the last time, '처음'은 the first time이라고 한다.

❺ Where did you go the last time you came here?

> **I was here on a business trip two years ago.**
> 2년 전에 여기 출장 왔었어요.

장소는 **where**를 활용해 물어보자. 방문했던 장소를 물을 때는 **Have you ever been to Daegu?**(대구 가 본 적 있으세요?)라고 한다. **Did you go anywhere else in Korea[Asia]?**(한국[아시아]에서 다른 데는 어디 가 보셨어요?)라고 이야기를 발전시켜도 좋다.

⟫⟫⟫ 미션 힌트   공항에서 만날 약속 정하기

공항에 마중 나가기 전, 전화나 이메일로 상대방의 도착 예정 시간, 항공기 번호 등 세부 사항을 파악해 두자. 특히 처음 만나는 사람이라면 어떻게 서로 알아볼 수 있을지 미리 의논해 두는 것이 좋다.

- ☐ 제가 공항으로 마중 나가겠습니다. **I will pick you up at the airport.**
- ☐ 언제 도착하실 예정입니까? **When are you going to arrive?**
- ☐ 항공기 번호가 어떻게 되나요? **What is your flight number?**
- ☐ 당신을 어떻게 알아볼 수 있을까요? **How can I recognize you?**
- ☐ 성함을 쓴 작은 판을 들고 있을게요. **I'll have a small sign with your name on it.**

한국에서 얼마나 있다 가려나?
귀국하는 날짜가 언제인지 물어보자.

6 언제까지 한국에
계실 예정인가요?

공항철도를 타고 목적지까지 이동하는
경로를 설명하자.

7 기차를 타고
서울역까지 갈 거예요.

여기서 기다리라고 하고, 매표소에서
표를 사 오자.

8 잠깐 여기서 기다려
주시겠어요? 제가 표 사 올게요.

기차에 타서 이야기를 나누는데, 지금까지
한국의 여러 곳을 가 봤다고 한다.

9 지금까지 간 곳 중에서
어디가 가장 좋으셨어요?

⑥ How long are you staying in Korea?

한국에 머무는 기간을 물어볼 때 When are you leaving Korea?(언제 한국에서 떠나세요?)라고 하면 빨리 떠나라고 재촉하는 것처럼 들린다. 이렇게 말하는 대신 기간을 묻는 How long ~?으로 '얼마나 한국에서 머무세요?'라고 물어보는 것이 더 적절하다. 또한 미래의 계획은 현재진행시제로 표현할 수 있다.

⑦ We'll take the train to Seoul Station.

take A to B는 'A를 타고 B로 가다'라는 뜻이다. '지금부터' 기차에 타는 것이니까 미래를 나타내는 조동사 will을 사용해서 We'll[We will] ~로 말하면 된다. 참고로 기차를 기다리면서 '기차가 10분 안에 도착할 겁니다'라고 설명할 때는 The train will be arriving in 10 minutes.라고 하면 된다.

⑧ Could you wait here for a second? I'll go get the tickets.

for a second는 '잠깐 동안'이라는 의미이다. 한편 go get은 go to get 또는 go and get을 생략한 형태로, '~을 사러 가다'라는 뜻이다. 구어체에서는 go나 come 다음에 이렇게 to나 and를 생략하고 동사원형을 바로 쓰기도 한다.

⑨ Of all the places you visited, which one did you like the most?

I visited various places in Korea.
한국에 있는 다양한 곳에 가 봤습니다.

of all은 '모든 ~중에서'라는 뜻으로, the most(가장) 같은 최상급과 함께 많이 쓰는 표현이다. 예를 들어 '지금까지 먹은 음식 중에 가장 맛있었던 한국 요리는 무엇인가요?'는 Of all the Korean food you had, which one did you like the most?라고 한다.

갑자기 열차가 멈추더니 사고 때문에
잠시 정차한다는 방송이 흘러 나온다.

어느새 열차가 목적지에 거의 도착했다.
내릴 준비를 해 달라고 하자.

⑩ 사고가 있었나 봐요.
잠깐 정차한다고 하네요.

⑪ 다음 역에서 내릴 거예요.

역에서 호텔까지 가까워서 택시를 타고
가기 애매하다.

B O N U S +

호텔까지 걸어가면서 시간이 얼마나 걸리
는지 알려 주자.

**It will take about 10 minutes
to get to the hotel.**
호텔에 도착하는 데 10분 정도 걸릴 거예요.

⑫ 혹시 걸어가도 괜찮을까요?
10분 정도 걸릴 것 같은데요.

❿ There's been an accident. The train will stop for a few minutes.

과거시제로 There was an accident.라고 하면 '사고가 있었다'라고 이미 끝난 사건을 말하는 거지만, 현재완료시제인 There's[There has] been ~.으로 말하면 '사고가 일어났고, 지금도 계속되고 있다'는 느낌을 준다. 한편 '정차하다'는 stop, '잠깐'은 for a few minutes(몇 분 동안)라고 표현할 수 있다.

⓫ It's the next stop.

'(버스, 기차에서) 내리다'라는 뜻의 get off를 써서 We will get off at the next stop.이라고 말할 필요는 없다. '다음 역이에요.'라고 간단하게 전달하면 충분하다. 참고로 '앞으로 5분 남았어요.'는 It's five more minutes.라고 하며, '다음 역에서 갈아탈 거예요.'는 We have to change trains at the next stop.이라고 한다.

⓬ Would you mind walking? It's about 10 minutes.

'Would you mind + 동사ing?'는 '~해도 괜찮을까요?'라는 뜻으로, 상대방이 싫어할 가능성이 있는 일을 확인할 때 쓰는 표현이다. 이 질문에 상대방이 No.라고 말한다면 '괜찮아요', '좋아요'라는 의미가 된다. 참고로 '여기서 가깝습니다'라고 할 때는 It's near here.라고 말해 주자.

>>> 미션 힌트　Would you mind ~?에 괜찮다고 답할 때는 뭐라고 할까

Would you mind ~? 또는 Do you mind ~?로 시작하는 질문에 괜찮다고 답할 때는 Yes.로 답하지 않는다. 동사 mind는 '싫어하다, 꺼리다'란 뜻으로, 직역하면 '~하는 게 싫으신가요?'란 의미이므로 No, not at all.(아뇨, 전혀요.) 또는 Of course not.(물론 싫지 않아요.)이라고 부정형으로 답해야 싫지 않다, 즉 괜찮다는 의미가 된다. '문제 없습니다'라는 뜻의 No problem.도 많이 쓰는 대답이다. 일상생활에서는 '~해도 괜찮겠습니까?'라는 제안에 대해 단순한 긍정을 뜻하는 Sure.(그럼요.)란 대답도 많이 쓴다.

---

① **실례합니다.
스미스 씨 되시나요?**

공항 입국장에서 손님을 기다리고 있다.
저기 나오는 여자 분이 스미스 씨인가?

① Excuse me. Are you Ms. Smith?

안면이 없는 사람을 마중 나갔다면 처음 만났을
때 그 사람이 맞는지 긴가민가할 수 있으니 먼
저 Excuse me.로 말을 걸자. 그 다음, Are you
Ms. Smith?(스미스 씨세요?) 또는 Aren't you
Ms. Smith?(스미스 씨 아니세요?) 하고 물어보면
된다.

---

② **한국에 오신 걸 환영해요!**

첫인상이 중요한 법!
스미스 씨에게 친절하게 환영 인사를 건네자.

② Welcome to Korea!

welcome은 '환영하다'라는 뜻인데, 방금 도착
한 사람에게 '~에 오신 걸 환영해요, ~에 어서
오세요'라고 인사할 때 'Welcome to + 장소.'
라고 말한다. 예를 들어 '서울에 오신 걸 환영해
요.'는 Welcome to Seoul.이다.

---

③ **제가 힐튼 호텔에 방을
예약해 놓았습니다.**

스미스 씨를 위해 예약해 놓은 호텔에 대해
설명하자.

③ I reserved a room at the Hilton Hotel for you.

'~을 예약하다'는 reserve 또는 book이라는 동
사를 쓴다. 예를 들어 '저녁에 식당을 예약해 두
었습니다'는 I reserved[booked] a table for
dinner.라고 한다. 끝에 for you를 붙이면 '당신
을 위해'라는 뜻이 되어 의미가 더 분명해진다.

4 제가 호텔까지 태워다 드릴게요.

차를 가져 왔으니 예약한 호텔까지 태워 드리겠다고 말하자.

4 I'll give you a ride to your hotel.

give ~ a ride는 '~를 (탈 것에) 태워 주다'라는 뜻이다. your hotel(당신의 호텔) 대신 the airport(공항), the conference center(회의장), my office(내 사무실) 등을 넣어 다양한 장소로 태워다 주겠다고 말할 수 있다.

5 한국에는 처음 오셨어요?

공항에서 주차장으로 함께 이동 중이다. 분위기가 어색해지지 않게 이야기를 건네자.

5 Is this your first time in Korea?

'~에 처음 오셨어요?'라고 물어볼 때는 'Is this your first time in + 장소?'라고 한다. first time은 '첫 번째, 처음'이라는 뜻인데 Is this your first visit to Korea?라고 물어봐도 좋다.

6 한국에서 즐거운 시간 보내시면 좋겠네요.

손님들이 한국에 대해 좋은 인상을 가지고 돌아가면 좋을 텐데.

6 I hope you have a great time in Korea.

I hope (that) ~.은 '~하기를 바라다, ~하면 좋겠다'라는 뜻으로, 내 바람을 전할 때 쓰는 표현이다. '즐거운 시간 보내다'는 have a great time이라고 한다.

관광 계획을 세울 때
Making Sightseeing Plans

* Scene *
15

>>> 미션

 한국에 온 거래처 사람들에게
내일 하루 동안 한국을 안내하기로 했다.
어디에 갈지, 무엇을 볼지 함께 계획을
세워라!

MP3

>>> 미션 표현 먼저 관련 표현을 챙겨라

☐ ~를 차로 데리러 가다 **pick ~ up**

☐ 추천하다 **recommend**

☐ ~에 관심이 있다 **be interested in**

☐ 혼잡한 **crowded**

☐ 멀리 떨어진 **far**

☐ 가까운 **near**

☐ 절 **temple**

☐ 궁전 **palace**

☐ 박물관 **museum**

☐ 수산시장 **fish market**

☐ 축제 **festival**

☐ 전통 공연 **traditional performance**

내일은 서울 근교를 관광할 계획이다.
아침에 차로 데리러 오겠다고 알리자.

혹시 미리 생각해 둔 곳이 있으려나?
내일 가고 싶은 관광지가 어딘지 물어보자.

❶ 내일 아침에 호텔로
모시러 가겠습니다.

❷ 어디 가고 싶은 곳
있으세요?

❶ I'll pick you up at the hotel tomorrow morning.

'제가 ~할게요, 제가 ~해 드릴게요'라고 제안할 때는 미래시제인 I'll[I will] ~.로 말해 보자. 한편 pick ~ up은 '~를 차로 데리러 가다'라는 뜻인데 '공항에 모시러 가겠습니다'라고 할 때도 I'll pick you up at the airport.라고 한다.

❷ Is there anywhere you'd like to go?

'~이 있어요?'라고 상대의 희망을 물을 때는 Is there ~?를 활용하자. '어디엔가'를 뜻하는 anywhere 대신 any places라고 해도 괜찮다. Would you like to go anywhere in particular?(특별히 가고 싶은 곳이 있으신가요?) 또는 What would you like to see?(무엇을 보고 싶으세요?)라고 물어봐도 좋다.

혹시 옛날 건축물에 흥미가 있으려나?

렌터카를 빌려서 시내를 다니면 어떠냐고 물어본다. 서울 시내는 꽤나 복잡한데.

❸ 절 같은 곳에 관심 있으세요?

❹ 솔직히 말씀 드리면 별로 추천 드리고 싶지는 않아요.

내일부터 황금 연휴인데 가이드북에서 봤다면서 명동에 가 보고 싶다고 한다.

제주도에 있는 한라산에 가고 싶다고 한다.

❺ 명동은 이 시기에는 사람이 너무 많아요.

❻ 한라산은 여기서는 좀 많이 멀어요.

❸ Would you be interested in going to any temples?

'~에 관심이 있다'는 be interested in ~이라고 한다. 관심이 있냐고 물어볼 때는 Are you interested in ~?이라고 해도 뜻을 전달하는 데 문제는 없지만, 상대방이 연장자이거나 아직 그렇게 친하지 않은 사람인 경우에는 가정을 나타내는 조동사 would를 사용해 더 정중하게 물어볼 수 있다.

❹ Honestly, I wouldn't recommend it.

> **How about renting a car?**
> 차 렌트하는 건 어때요?

I don't recommend it.이라고 대놓고 부정하는 말은 잘 쓰지 않는다. Honestly(솔직히 말해서)라고 미리 운을 떼어 놓고, 그 뒤에 가정하는 would를 쓰면 '(만약에) 나라면 추천하지 않겠다' 같은 어조를 풍기면서 의견을 부드럽게 전달할 수 있다.

❺ Myeongdong is pretty crowded this time of the year.

> **I'd love to go here.**
> 여기에 가 보고 싶어요.

사람이 많은 곳을 싫어할 가능성도 있으니, 혼잡한 관광 명소는 위와 같이 미리 말해 주자. crowded는 '사람이 많은, 혼잡한'이란 뜻이며, pretty는 여기서 '매우'라는 뜻의 부사로 쓰였다.

❻ Mt. Halla is a little too far from here.

> **I'd love to go to Mt. Halla.**
> 한라산에 가 보고 싶은데요.

장소가 멀어서 추천하기 힘들 때는 위처럼 말해 보자. a little too far는 '좀 많이 떨어져 있는'이란 의미이다. 참고로 '~산'은 앞에 Mt.(mount)를 붙여 말한다.

이번에는 가이드북에서 본 유명한 절에
가 보고 싶다고 한다.

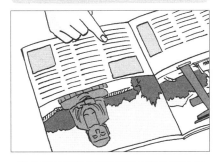

서울의 번화한 거리에 가 보고 싶다는데
강남을 추천해 볼까?

7 약간 떨어져 있어요.
그래도 괜찮으세요?

8 강남을 좋아하실 것 같네요.

TV에서 봤다면서 한국민속촌에도 꼭 가
보고 싶다고 한다.

인터넷에서 맛집을 검색하면서 저녁 먹을
곳을 찾는 중이다.

9 좋아요, 그렇게 해요.

10 혹시 초밥을 좋아하시면,
이곳을 추천할게요.

❼ It's a little far. Is that okay?

> **I'd love to go to this temple.**
> 이 절에 가 보고 싶어요.

'그래도 괜찮으세요?'라고 확인할 때는 Is that okay?라고 말하면 된다. How far is it from here?(여기서 얼마나 먼가요?)라고 물어본다면, It takes about an hour.(1시간 정도 걸려요.)처럼 걸리는 시간을 알려 주자.

❽ I think you'll like Gangnam.

I think ~.는 '~이라고 생각한다'라는 뜻으로 내 생각과 의견을 전달할 때 아주 유용한 표현이다. 어떤 장소를 추천하고 싶을 때는 I think you'll like ~.(당신은 ~을 좋아할 거라고 생각해요.)를 써서 말해 보자.

❾ Sure, let's do that.

> **I'd love to visit the Korean Folk Village.**
> 한국민속촌에는 꼭 가 보고 싶네요.

상대방의 제안에 대해 '좋아요'라고 할 때는 Sure.로 답한다. Let's do that.은 '그렇게 해요'라고 결정할 때 쓰는 표현인데, that은 상대방이 말한 내용(여기서는 '한국민속촌에 가는 것')을 가리킨다.

❿ If you like sushi, I recommend this place.

그냥 I recommend this place.(이곳을 추천합니다.)라고 해도 되지만, if를 사용해 '혹시 초밥을 좋아하시면'이라고 상대방의 취향을 배려해 주면 더 부드러운 말투가 된다. If you like A, I recommend B.(A를 좋아하시면 B를 추천할게요.) 형태로 많이 쓰므로 잘 알아 두자.

① 수산시장을
보러 가실래요?

뻔한 곳 말고 좀 독특한 구경거리가 있는
곳을 소개해 주고 싶다.

① Would you like to go see the fish market?

'보러 가다'라는 뜻의 go see는 go to see 또
는 go and see에서 to와 and를 생략한 표현
이다. the fish market(수산시장) 대신 some
famous temples(유명한 절들), the cherry
trees(벚나무들) 등을 넣어 한국의 다양한 볼거
리를 추천할 수 있다.

② N서울타워에서 야경을
보실 수 있어요.

저녁식사 이후에 갈 만한 곳을 추천해
달라는데 야경이 멋진 곳을 어떨까?

② You can see the night view at N Seoul tower.

'야경'은 night view라고 한다. '서울 야경을 보
시겠어요?'라고 물을 때는 Would you like to
see the night view of Seoul?이라고 한다.

③ 한국의 전통 공연을
관람하시는 건 어때요?

마침 예술의 전당에서 국악 공연이 열리고
있는데 한 번 권해 볼까?

③ How about watching a Korean traditional performance?

가볍게 권할 때는 'How about + 동사ing?'를
써 보자. Are you interested in watching a
Korean traditional performance?(한국의 전
통 공연 관람에 관심 있으세요?)라고 물어도 좋다.

④ 보령 머드 축제라고
들어 본 적 있으세요?

한국에서만 즐길 수 있는 색다른 축제를
소개해 볼까?

④ Have you ever heard of the Boryeong Mud Festival?

'~에 대해 들어 본 적이 있나요?'라고 할 때는 현재완료시제를 활용해 Have you ever heard of ~?라고 물어보자. '축제'는 festival이라고 한다.

⑤ 한국의 국립중앙박물관에
가 본 적 있으세요?

이번 한국 방문이 두 번째라고 하니 예전에
가 본 관광지가 있는지 확인해야겠다.

⑤ Have you ever been to the Korean National Museum?

'~에 가 본 적 있어요?'라고 가 본 경험을 물을 때는 'Have you ever been to + 장소'로 물어본다. 예를 들어 '제주도에 가 본 적 있어요?'는 Have you ever been to Jeju Island?라고 한다.

⑥ 인사동에 가 보는 걸
추천 드려요.

기왕이면 한국적인 느낌을 물씬 풍기는
장소를 추천해 보자.

⑥ I would recommend going to Insadong.

recommend는 '추천하다'라는 뜻인데, 이 앞에 would를 넣어 말하면 더 부드럽게 들린다. '~하는 것을 추천해요'라고 할 때는 'I would recommend + 동사ing.'로 말하면 된다. 또는 I would recommend that you go to Insadong.이라고 말해도 좋다.

한국을 안내할 때
Showing Someone around Korea

>>> **미션**

📢 해외에서 온 손님들에게
한국의 관광지를 안내하고,
한국 음식을 맛볼 수 있는 곳에
데려가 음식을 대접하라!

>>> **미션 표현** 먼저 관련 표현을 챙겨라

☐ 보다 **take a look**

☐ 멈추다 **make a stop**

☐ 이동하다 **move on**

☐ 휴식을 취하다 **take a break**

☐ 사진을 찍다 **take a picture**

☐ 먹어 보다, 마셔 보다 **try**

☐ 낮잠을 자다 **take a nap**

☐ 도착하다 **arrive**

☐ 고속도로 휴게소 **service area**

☐ 기념품 가게 **souvenir shop**

☐ 화장품 가게 **cosmetics shop**

☐ 매표소 **ticket office**

만나기로 약속한 시간에 늦을 것 같다.
휴대전화로 미리 연락해 놓자.

아침에 호텔 로비에서 손님들과 만났다.
아침 인사를 건네자.

① 죄송해요.
10분 정도 늦을 것 같아요.

② 어젯밤에는 잘 주무셨어요?

① I'm sorry. I'm running 10 minutes late.

be running late는 '(예정 시간보다) 늦다, 늦게 도착하다'라는 의미로, 늦을 것 같다고 알릴 때 자주 쓰는 구어체 표현이다. '10분 정도 늦을 것 같아요.'라고 할 때는 I'm going to be 10 minutes late.라고 해도 괜찮다. 약속 시간에 많이 늦을 것 같으면 전화로 Please wait for me inside.(건물 안에서 기다려 주세요.)라고 말해 두자.

② Did you sleep well last night?

해외에서 온 방문객과 아침에 만났을 때 '잘 주무셨어요?'라는 뜻으로 많이 물어보는 인사말이다. Did you get a good night's sleep?라고 말해도 좋다. 간단하게 아침 인사를 건네고 싶다면 Good morning.이라고 인사하자.

첫 목적지까지는 자동차를 타고 이동할
예정이다. 얼마나 걸릴지 알려 주자.

3 여기서 30분 정도면
도착할 거예요.

운전하면서 보이는 관광지에 대해 간단히
설명해 볼까?

4 오른쪽을 보세요.
저게 스카이 타워예요.

고속도로를 타면 시간이 좀 걸릴 텐데,
화장실에 들르지 않아도 괜찮을까?

5 휴게소에 잠깐 들를까요?

미국과 한국은 시차가 14시간 가까이 나니
손님들이 피곤할 것 같다.

6 시차 때문에 피곤하시죠?

❸ It's about 30 minutes from here.

이동하는 데 걸리는 시간을 알려 줄 때는 'It's + 시간 + from here.'로 말해 보자. 시간 앞에 '~정도, ~쯤'을 뜻하는 about을 붙여도 좋다. 또는 '(시간이) 걸리다'라는 뜻의 동사 take를 활용해 It will take about 30 minutes.라고 해도 좋다. '30분 정도 후에 거기 도착해요'라고 할 때는 We will get there in about 30 minutes.라고 말해 보자.

❹ Take a look at your right. That's the Sky Tower.

안내하는 상대에게 간단한 지시를 할 때는 동사로 시작하는 명령문으로 말해도 문제없다. '~을 보세요'라고 할 때는 Look at ~.이라고 해도 좋지만, Take a look at ~.을 사용하면 더 부드러운 인상을 줄 수 있다. 한편 멀리 보이는 관광지가 뭔지 설명할 때는 That's ~.로 말해 보자.

❺ Would you like to make a stop at the service area?

'~하시겠어요?' 하고 상대방의 의향을 정중하게 물어볼 때는 'Would you like to + 동사?'로 말한다. 'Do you want to + 동사?'의 공손한 표현이다. make a stop at ~은 '~에서 멈추다, ~에 들르다'라는 의미이고, 고속도로에 있는 '휴게소'는 service area 또는 rest area라고 한다.

❻ Do you have jet lag?

'시차로 인한 피로, 시차증'을 jet lag라고 한다. '시차 적응이 안 되네요'는 I'm jet lagged.라고 하며 '시차 때문에 피곤해요'는 I'm suffering from jet lag.라고 한다. 상대방이 이렇게 말한다면 Feel free to take a nap.(잠깐 주무시고 계세요.)이라고 권해 보자. 'Feel free to + 동사.'는 '마음껏 ~해라'라는 의미이며 take a nap은 '낮잠자다'라는 뜻이다.

드디어 목적지에 도착했다.

유명한 관광지인데 나도 막상 와 보는 건 처음이다.

7 도착했어요.

8 사실은 저도 여기에 처음 와 봐요.

여기서 기념 사진을 찍으면 딱이겠는데!

관광객이 좋아할 만한 기념품 가게가 쭉 늘어서 있다. 관심이 있으려나?

9 제가 사진 찍어 드릴까요?

10 기념품 좀 사 가시겠어요?

❼ We're here.

'도착했어요'라고 하면 일반적으로 We arrived.라고 하기 쉬운데, 이렇게는 말하지 않고 We're here.라고 한다. 직역하면 '우리는 여기에 있어요'란 뜻이지만, '자, 다 왔습니다'라고 도착했다고 안내할 때 이렇게 말한다. 기차나 버스를 타고 목적지에 도착했을 경우에도 이렇게 말할 수 있다. 한편 '거의 다 왔습니다'라고 안내할 때는 We're almost there.라는 표현을 쓴다.

❽ Actually, this is my first time here, too.

actually는 '실은, 사실은'이라는 뜻으로, 듣는 사람의 주의를 환기할 때 쓰는 말이다. '저도 여기에 처음 와 봐요'는 한국어 문장을 그대로 직역해서 I have come here for the first time, too.라고 해도 문제는 없지만, 주어를 this(이번 방문)로 해서 위에 나온 문장처럼 말하면 좀 더 자연스러운 문장이 된다.

❾ Would you like me to take your picture?

'제가 ~해 드릴까요?'라고 정중하게 제안할 때는 '제가 ~해 주기를 원하세요?'라는 의미의 'Would you like me to + 동사?'를 활용해 보자. Shall I ~?(제가 ~해 드릴까요?)보다 자연스러운 표현으로 원어민들도 자주 즐겨 쓰는 표현이다. 한국을 방문할 예정인 손님에게 '제가 모시러 갈까요?'라고 물어볼 때도 Would you like me to pick you up?이라고 한다.

❿ Would you like to get a souvenir?

souvenir는 '기념품'이란 뜻인데 여행에서 자기 자신을 위해 구입하는 선물을 가리킨다. 여행을 갔다 와서 다른 사람들에게 돌리는 선물과는 다소 의미가 다르므로 주의하자. '기념품 가게'는 souvenir shop이라고 하는데, '기념품 가게에 들리실래요?'라는 뜻으로 Would you like to drop by the souvenir shop?이라고 해도 좋다.

다음 일정이 빡빡한데, 이 가게가 마음에 드는지 움직일 생각을 안 한다.

⑪ 슬슬 이동하실까요?

날이 더워서 목이 마를 것 같은데 잠깐 편의점에 가서 음료를 사 와야겠다.

⑫ 잠깐 마실 것 좀 사 올게요.
뭐가 좋으시겠어요?

거추장스러운 가방을 맡겨 놓고 잠깐 화장실에 다녀오자.

⑬ 제 가방 좀 봐 주시겠어요?

여기저기 많이 걸었더니 다리가 아프다.
저기 카페에서 쉬어 볼까?

⑭ 잠깐 저기서
쉬었다 가시겠어요?

⑪ Shall we move on?

'~할까요?'란 뜻의 Shall I ~?는 회화에서는 그다지 사용하지 않지만 Shall we ~? 는 '자, ~하실까요?'라고 정중하게 제안하는 표현으로 많이 사용한다. '(새로운 곳으로) 이동하다'는 move on이라고 한다. 이동하자고 정중하게 이야기할 때는 Shall we move on?이라고 해도 좋지만 Would you like to move on?이라고 해도 좋다. 친한 사이에서는 가볍게 Do you want to move on?이라고 해도 된다.

⑫ I'll go get some drinks. What would you like?

'~을 사러 가다'라는 뜻의 go to get ~을 사용해서 말해 보자. 구어체에서는 'go to + 동사'에서 to를 생략하고 go get처럼 말할 수 있다. '뭐가 좋으시겠어요?'라고 손님들에게 제안할 때는 What do you like?보다 정중한 표현인 What would you like?로 말해 보자. 이 질문에 대해 I'm fine. Thank you.라는 대답이 돌아온다면 '저는 괜찮습니다'라는 뜻이다.

⑬ Could you keep an eye on my bag, please?

예의 바르게 부탁할 때 가장 많이 쓰는 패턴 Could you ~, (please)?를 반드시 익혀 두자. 문장 끝에 please를 붙이면 더욱 정중하게 들린다. keep an eye on ~은 '~에서 눈을 떼지 않다'라는 뜻으로, '~을 지켜보다'라는 의미이다. watch에도 '잠깐 동안 봐 주다'라는 뜻이 있으므로 Could you watch my bag, please?라고 부탁해도 좋다.

⑭ Why don't we take a little break there?

'쉬다, 휴식을 취하다'는 take a break라고 한다. 쉬겠냐고 물을 때는 'Would you like to + 동사?'를 써도 괜찮지만, 지금 상황처럼 즉흥적으로 '우리 같이 ~하실래요?'라고 제안할 때는 'Why don't we + 동사?'를 쓰면 좋다.

어느덧 오후 한 시, 슬슬 배가 고파지는걸.
손님들은 어떤지 물어보자.

⑮ 배고프지 않으세요?

어떤 음식을 먹으러 가면 좋을까?
먹고 싶은 것이 있는지 물어보자.

⑯ 뭔가 드시고 싶은 거 있으세요?

가이드북을 보며 먹을 곳을 찾는 중이다.
고깃집에 가면 좋아하려나?

⑰ 전에 한국식 고기구이
드셔 보신 적 있으세요?

B O N U S +

안주와 함께 소주를 주문했다.
한잔하면서 물어보자.

**Is this your first time
drinking Soju?**
소주는 처음 마셔 보는 건가요?

⑮ Are you hungry?

'배고프지 않으세요?'를 그대로 직역해서 Aren't you hungry?라고 하면 '당신은 공복이 아닌가요?'라는 뜻이 되므로 간단하게 긍정 의문문으로 물어보는 것이 더 좋다. 또는 Are you getting hungry?라고 해도 된다. '점심 드시겠어요?'라는 뜻의 Would you like to have lunch? 같은 말로 식사하러 가겠냐고 자연스럽게 물어도 좋다.

⑯ Is there anything you'd like to eat?

'~하고 싶은 게 있으세요?'라고 상대방의 희망을 정중하게 물어볼 때는 'Is there anything you'd like to + 동사?'로 말하자. 상대가 친구라면 Is there anything you want to eat? 또는 What do you want to eat? 정도로 가볍게 질문해도 상관없다.

⑰ Have you ever had Korean BBQ before?

'~한 적이 있나요?'와 같이 이제까지의 경험에 대해 물어볼 때는 현재완료시제를 사용하여 Have you ever ~?라고 한다. 여기서 ever는 '한 번이라도'라는 뜻이며 이 뒤의 had는 have(먹다)의 과거분사형으로 쓰인 것이다. 참고로 식탁 가운데에 불판을 놓고 삼겹살, 갈비 같은 고기를 구워 먹는 '한국식 고기구이'를 Korean BBQ(barbecue)라고 한다.

>>> 미션 힌트 한국 음식 영어로 소개하기

영어 메뉴판이 없는 식당에 갔을 때 한국 음식을 영어로 설명하는 건 쉽지 않은 일이다. 외국인에게 한국 음식을 설명할 때는 아래에 소개한 기본 단어를 사용해 보자.

☐ 구운 **grilled**	☐ 생선구이 **grilled fish**
☐ 볶은 **stir-fried**	☐ 제육볶음 **stir-fried spicy pork**
☐ 삶은 **boiled**	☐ 수육 **boiled pork[beef]**
☐ 찐 **steamed**	☐ 달걀찜 **steamed egg**
☐ 조린 **braised**	☐ 갈치조림 **braised cutlassfish**
☐ 식초에 절인 **pickled**	☐ 마늘 장아찌 **pickled garlic**

가이드북에서 소개하는 냉면이 맛있어 보이는지 먹어 보고 싶다고 한다.

⑱ 괜찮은 곳을 알고 있어요.

유명한 냉면집에 왔는데 기다리는 줄이 10미터는 되는 것 같다.

⑲ 어떻게 할까요?
기다리시겠어요?

한국 사람들만 아는 맛집에 데려가야겠다.

⑳ 고급스럽지는 않지만
맛있는 집이에요.

B O N U S +

내가 자주 가는 단골 식당에 왔다.

This is my favorite place.
여기가 제가 제일 좋아하는 가게예요.

⑱ I know a good place.

> **I'd like to try** *naengmyeon*.
> 냉면을 먹어 보고 싶어요.

가게를 추천할 때 쓰는 문장이다. place(장소)는 가게, 자택, 지역 등의 폭넓은 의미를 나타내는 편리한 단어이다. '여기가 제가 제일 좋아하는 가게예요'라고 할 때도 This is my favorite place.라고 한다. 참고로 '냉면'은 cold buckwheat noodles라고 설명하면 된다. buckwheat이 '메밀'이라는 뜻이다.

⑲ What do you think? Would you like to wait?

식당의 줄이 길다고 해서 Let's go to a different place.(다른 가게로 가시지요.)라고 혼자 결정하기보다는, What do you think?라고 상대방의 생각을 물어보자. 위의 질문에 대해 If you don't mind.라는 대답이 돌아오면 '당신이 괜찮으시면 (기다리겠습니다)'라는 의미이다.

⑳ It's not fancy, but it's good.

fancy는 '세련된, 고급의'라는 의미의 형용사로, 값비싼 고급 호텔이나 식당을 묘사할 때 많이 쓰는 단어이다. not fancy라고 하면 '세련되지 않은'이란 부정적인 뜻이 아니라 '서민적인'이라는 뜻이 된다. 순댓국이나 감자탕처럼 서민적인 한국 음식을 먹을 수 있는 식당을 추천할 때는 위처럼 제안해 보는 것도 좋다.

>>> 미션 힌트 한국 국수를 영어로는 뭐라고 설명할까

'국수'는 복수로 noodles라고 하는데, 국물이 들어간 국수의 경우 noodle soup라고 부르기도 한다. 한국의 대표적인 국수를 소개할 때는 아래와 같은 표현을 써서 말해 보자.

☐ 칼국수 *kalguku* (chopped noodles)
☐ 물냉면 *mulnaengmyeon* (cold buckwheat noodle soup)
☐ 비빔냉면 *bibimnaengmyeon* (cold buckwheat noodles mixed in a spicy sauce)
☐ 콩국수 *kongguksu* (cold bean-soup noodles)
☐ 잔치국수 *janchi-guksu* (Korean banquet noodle soup)

점원을 부르기 전, 주문할 음식을 정했는지 확인하자.

㉑ 주문하시겠어요?

냉면과 함께 시킨 수육이 먼저 나왔다.

㉒ 이건 꼭 드셔 보세요.

수육을 처음 먹어 본다는데 외국 사람 입에도 잘 맞을까?

㉓ 어떠세요?

화장실에 가고 싶다. 식사 중에 잠깐 자리를 비워야겠다.

㉔ 잠깐 화장실 좀 다녀올게요.

㉑ Are you ready to order?

'be ready to + 동사'는 '~할 준비가 되다'라는 뜻으로, Are you ready to order? 는 '주문할 준비는 되셨나요?'라는 의미이다. 식당에서 주문할 음식을 정했는지 물어 볼 때 자주 쓰는 표현이다. 음식점에서 웨이터가 주문을 받을 때도 손님에게 이와 같 이 물어본다.

㉒ You should definitely try this.

'You should + 동사.'라고만 해도 '당신은 ~해야 합니다'라고 권하는 표현이지만, should 뒤에 definitely(분명히, 확실히)를 넣으면 '꼭 ~해야 합니다'라고 강하게 권하 는 표현이 된다. 한편 try는 '해 보다, 시도하다'라는 뜻인데, '먹어 보다', '마셔 보다' 라고 할 때도 쓸 수 있다.

㉓ How did you like it?

> **This is the first time I have had this.**
> 이건 처음 먹어 봤어요.

How did you like it? 또는 How do you like it?은 마음에 들었는지 아닌지 감상을 물어볼 때 폭넓게 쓰는 문장이다. 좀 더 가볍고 직접적으로 음식이 어떠냐고 묻고 싶 다면 How is it?이라고 해도 괜찮다.

㉔ Please excuse me for a moment.

화장실(restroom) 등으로 자리를 뜰 때 쓸 수 있는 정중한 표현이다. 굳이 '화장실 좀 다녀올게요'라고 곧이곧대로 설명할 필요는 없다. excuse에는 '(자리를 뜨는 것을) 양 해하다'라는 뜻이 있으므로 Please excuse me for a moment.는 '잠깐 실례하 겠습니다'와 가까운 뜻이다. 간단히 Excuse me.라는 한 마디만 써도 괜찮다. 또는 May I be excused?라고 양해를 구해도 좋다.

이제 배도 찼으니 슬슬 일어나 볼까?

법인카드로 계산하고 가게를 나왔는데
"얼마 드리면 될까요?"라고 물어본다.

㉕ 그럼 일어나실까요?

㉖ 괜찮습니다.
신경 쓰지 마세요.

외국에서 온 관광객에게 한국 화장품이
인기가 많다고 들었다.

헤어지면서 미리 준비한 선물을 전달하자.

㉗ 화장품 가게에
한번 가 보시겠어요?

㉘ 여기요. 선물이에요.

㉕ Would you like to go?

여기서 '일어나다'는 '자리를 뜨다'라는 뜻이므로 stand up(일어서다)이 아니라 go(가다)를 써서 말하면 된다. Do you want to go?라고 하면 좀 더 가벼운 표현이 된다. Let's go.는 '빨리 가자'라고 재촉하는 것처럼 들릴 수도 있으니 이렇게 말하는 건 피하자.

㉖ It's okay. Please don't worry about it.

How much do I owe you?
얼마 드리면 될까요?

owe는 '(돈을) 빚지고 있다'라는 뜻인데, 함께 식사를 한 후 '얼마예요?'라고 할 때 How much do I owe you?라고 물어본다. 이 질문에 대해 그냥 자신이 대접할 생각이라면 It's okay.라고 답하면 된다. '제가 낼게요'라고 할 때는 It's on me. 또는 It's my treat.란 표현도 쓴다. 계산하기 전에 '제가 한턱 쏠게요'라고 한다면 I'll pick up the bill.이라고 한다.

㉗ Would you like to take a look at a cosmetics shop?

'한번 보다'라는 뜻의 take a look을 활용해 '화장품 가게를 한번 보고 싶으신가요?'라고 물어보자. 이 경우에도 친구끼리는 Do you want to ~?라고 해도 좋다. '화장품 가게'는 cosmetics shop이라고 한다.

㉘ Here. This is for you.

'이건 당신을 위한 거예요'란 뜻의 This is for you.는 선물을 건네줄 때 상투적으로 쓰는 문구이므로 통째로 외워 두자. Here's something for you.라고 해도 된다. 이 뒤에 It's Korean sweets.(한과입니다.)처럼 어떤 선물인지 설명해도 좋고, I hope you like it.(마음에 드셨으면 좋겠네요.)이라고 덧붙여도 좋다.

---

1 한 시간쯤 후에
도착할 예정입니다.

차를 운전하고 가면서 도착 예정 시간을
알려 주자.

1 We're going to arrive in about an hour.

'도착하다'는 arrive라고 하며, '~후에'라고 현재부터 걸리는 시간을 나타낼 때는 전치사 in을 쓴다. 대략적인 소요 시간을 예상해서 말하는 것이므로 시간 앞에 about(~쯤)을 써서 말해 주자.

---

2 천천히 보세요.

기념품 가게에서 쇼핑 중이다.
시간은 넉넉하니 천천히 구경하라고 하자.

2 Please take your time.

take your time은 '(서두르지 않고) 천천히 하다'라는 뜻이다. 서두르는 상대방에게 '천천히 하셔도 돼요'라고 말할 때 Please take your time.이라고 한다. 쇼핑할 때 물건을 천천히 구경하라고 할 때도 쓰고, 음식 메뉴를 천천히 고르라고 할 때도 쓴다.

---

3 저한테서 멀리
떨어지지 마세요.

명동 거리에 사람이 너무 많다!
이러다가 손님들을 놓칠까 봐 걱정인걸.

3 Please stay with me.

'멀리 떨어지지 말아라'는 '나와 함께 다녀라'라는 의미이므로 '~와 함께 있다'라는 뜻의 stay with를 써서 말해 보자. 패키지 여행에서 '일행과 함께 다니세요'라고 할 때도 Please stay in the group.이라고 한다.

④ 정면에 보이는 것이 N서울타워입니다.

명동 거리를 거닐고 있는데 저 멀리 남산과 전망대가 보인다.

④ Right in front of us is N Seoul Tower.

in front of는 '~의 앞에'라는 뜻인데, 이 앞의 right는 '정확히, 바로'라는 뜻의 부사로 쓰인 것이다. 따라서 right in front of us는 '우리 바로 앞에, 우리 정면에'라는 뜻이 된다.

⑤ 김치 먹어 본 적 있으세요?

외국인 손님을 한국 식당에 데리고 왔는데 김치를 먹어 본 적이 있는지 궁금하다.

⑤ Have you ever tried kimchi?

'먹어 보다, 마셔 보다'라고 할 때는 try를 사용한다. 경험에 대해 묻는 것이므로 현재완료시제를 사용해서 말해 보자. 마찬가지로 '한국 음식을 먹어 본 적 있어요?'는 Have you ever tried Korean food?라고 한다.

⑥ 매운 음식 드실 수 있어요?

매운 갈비찜을 권해 보고 싶은데 외국인이 먹기에는 너무 매우려나?

⑥ Can you eat spicy food?

'매운'은 hot 또는 spicy라고 한다. spicy에는 양념이 많이 들어가 맵다는 의미가 포함되어 있다. 매운 음식을 권하기 전에 Do you like spicy food?(매운 음식 좋아하세요?)라고 물어봐도 좋다.

Scene 17

친구 집에 방문할 때

Visiting a Friend's House

>>> 미션

📢 외국인 친구 부부가 집에 초대했다.
친구 집을 방문해 저녁을 먹으면서
대화를 나눠라!

>>> 미션 표현 먼저 관련 표현을 챙겨라

☐ 집 **house**

☐ 대문, 현관문 **front door**

☐ 방 **room**

☐ 거실 **living room**

☐ 침실 **bedroom**

☐ 화장실 **bathroom**

☐ 부엌 **kitchen**

☐ 차고 **garage**

☐ 발코니 **balcony**

☐ 마당, 뜰 **yard, garden**

☐ 마루, 층 **floor**

☐ 창문 **window**

현관에 들어서면서 초대해 줘서 고맙다고
감사 인사를 하자.

친구 아파트에는 처음 와 봤다. 방이 정말
아늑하고 좋은데!

① 오늘 초대해 줘서 고마워.

② 방이 아늑하네.

❶ Thank you for inviting me today.

다른 사람 집에 방문했을 때 현관에 들어서면서 쓸 수 있는 대표적인 인사말이다.
'Thank you for + 동사ing.'는 '~해 줘서 고맙다'라는 뜻으로, for 뒤에 invite(초대하
다) 같은 동사가 올 때는 ing형으로 써야 한다.

❷ It's a cozy room.

집 안으로 안내받은 후에는 집을 둘러보면서 방이나 인테리어에 대해 칭찬하는 것
도 좋다. cozy는 '(방이나 집이) 편안한, 아늑한'이라는 의미인데, 집을 칭찬할 때 많
이 쓰는 단어이니 꼭 외워 두자. 단독주택이라면 집을 보고 You have a beautiful
house.(멋진 집이네요.)라고 칭찬해도 좋다.

빈손으로 오기는 뭐해서 제과점에 들려
케이크를 사 왔다.

"뭐 좀 마실래?"라고 물어본다.
케이크에는 역시 커피지.

3 여기, 케이크를 좀 가져왔어.

4 커피로 할게.

커피를 마시려는데 친구 부부가 부엌에서
바쁘게 저녁 준비를 하고 있다.

B O N U S +

친구 생일파티에 직접 만든 케이크를
가지고 왔다.

I prepared some cake.
케이크를 좀 준비했어.

5 뭐 좀 도와줄까?

❸ Here, I brought some cake.

초대한 사람에게 선물을 줄 때는 bring(가져오다)의 과거형 brought를 활용해서 말해 보자. I brought ~.는 단순히 '~을 가져왔어'라는 뜻이므로, 상대에게 선물을 넘겨줄 때 쓰는 This is for you.(널 위한 거야.)와는 미묘하게 뉘앙스가 다르니 주의하자. Here's some cake.라고 하면서 케이크를 건네줘도 좋다. 참고로 I prepared some cake.라고 하면 '(직접 만든) 케이크를 준비했어'라는 뜻이 된다.

❹ I'd love some coffee.

> **Would you like something to drink?**
> 뭐 좀 마실래?

위와 같은 질문에 커피를 달라고 할 때 Coffee, please.라고 대답하기 쉬운데, '음식/음료, please.'는 식당이나 카페 같은 곳에서 주문할 때 쓰는 표현이므로, 초대받은 집에 가서 이렇게 말하면 안 된다. 이때는 I'd love ~.(~이면 좋겠어.) 또는 Can I have ~?(~을 마셔도 될까?)의 형태를 활용해 말해 보자.

❺ Can I help you with anything?

돕겠다고 할 때 많이 쓰는 표현이다. Is there anything I can do?(뭔가 내가 할 수 있는 일이 있을까?)라고 물어봐도 좋다. 반면에 Should I help you?(도와줘야 할까?) 또는 Do you want me to help?(도와주길 원해?)라는 표현은 마지못해 돕겠다는 것처럼 들리므로 피하자.

>>> 미션 힌트 선물을 줄 때는 뭐라고 말할까

다른 사람에게 선물을 건넬 때는 선물만 달랑 내밀지 말고 아래 표현과 함께 전달하자.

☐ 이건 널 위한 거야. 마음에 들면 좋겠다. **This is for you. I hope you like it.**
☐ 이건 소소한 선물이야. **Here's a little something for you.**
☐ 하와이에서 사온 작은 선물이야. **Here's a little something for you from Hawaii.**

149

우왜! 처음 보는 진수성찬이다!

조개 요리를 먼저 한 입 베어 물었는데, 엄청 맛있다.

6 와, 이거 직접 만든 거야?

7 이거 정말 맛있어.

앗, 음식을 집다가 실수로 양념을 약간 흘리고 말았다.

나는 술을 전혀 못 마시는데 친구가 술을 권한다.

8 휴지 좀 있어?

9 아니, 괜찮아. 나 술 못 마셔.

❻ Wow, did you make this?

'와!' 하고 놀라움이나 감탄을 표현할 때는 감탄사 Wow!를 사용하며, '이거 직접 만든[요리한] 거야?'는 Did you make[cook] this?라고 한다. 참고로 음식을 보고 '정말 맛있어 보여!'라고 감탄할 때는 It looks so good!, '맛있는 냄새가 나!'라고 할 때는 It smells good!이라고 한다.

❼ This is delicious.

delicious는 그 자체가 '굉장히 맛있는(very good)'이라는 뜻이므로 '정말 맛있다'라고 할 때도 very delicious라고는 하지 않는다. 맛있다는 것을 더 강조하고 싶을 때는 This is really delicious.라고 하면 된다. 여기에 덧붙여 '너 요리 정말 잘하는구나'라고 칭찬하고 싶다면 You're an amazing cook.이라고 말해 주자.

❽ Do you have some tissue?

'~이 있어?'라고 필요한 물건이 있는지 물을 때는 '~을 가지고 있어?'라는 뜻의 Do you have ~?를 사용해서 물어보면 된다. 예를 들어 '냅킨 좀 있어?'는 Do you have some napkins?라고 한다. 한편 tissue는 뽑아서 쓰는 '휴지'를 뜻한다. 화장실에서 쓰는 '두루마리 휴지'는 toilet paper라고 하므로 구분해서 알아 두자.

❾ No, thank you. I don't drink.

Would you like some wine?
와인 좀 마실래?

상대방의 제안을 거절할 때는 '고맙지만 사양하겠다'라는 뜻의 No, thank you.로 답하면 정중하게 거절 의사를 밝힐 수 있다. 한편 '술을 못 마신다'는 I don't drink.라고 한다. I can't drink.라고 하면 임신을 했거나 약을 먹어서 일시적으로 술을 마실 수 없다는 것으로 받아들일 가능성이 있다. 참고로 '제가 약을 먹어서요'라고 덧붙일 때는 I'm on medication.이라고 말해 보자.

디저트로 친구가 만든 파이를 내왔는데 난생 처음 먹어 보는 맛이다.

⑩ 여기에는 뭐가 들어갔어?

음료를 잔뜩 마셨더니 화장실에 가고 싶어졌다.

⑪ 화장실 좀 써도 될까?

이제는 배가 불러서 더 이상 못 먹겠는데 계속해서 음식을 권한다.

⑫ 고맙지만 이제는 정말 배불러.

즐거운 시간을 보내다가 문득 벽에 걸린 시계를 보니 시간이 꽤 늦었다.

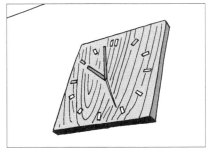

⑬ 앗, 벌써 시간이 이렇게 됐네.

⑩ What's inside?

음식에 들어간 재료가 궁금할 때는 '~의 안에'라는 뜻의 inside를 써서 간단하게 What's inside?라고 물어보면 된다. 또는 What's this made of?(이거 뭐로 만들었어?)라고 물어봐도 좋다. 요리 만드는 법을 알고 싶다면 Can I have the recipe?(요리법 좀 알려 줄래?)라고 물어 보자.

⑪ May I use the bathroom?

식당이나 공공시설에 있는 화장실은 restroom이라고 하지만 집에 있는 화장실은 bathroom이라고 한다. 미국의 집들도 한국과 마찬가지로 욕실과 화장실이 하나로 되어 있는 경우가 많으므로, 목욕(bath)을 할 수 있는 '욕실, 화장실'을 bathroom이라고 한다. 한편 toilet은 '변기'를 가리키므로 May I use the toilet?이라고는 말하지 않도록 주의하자. 혹시 화장실이 어디인지 모르겠다면 Where is the bathroom?이라고 물어보면 된다.

⑫ Thanks, but I'm really full.

Would you like more pizza?
피자 더 먹을래?

음식을 더 먹으라는 권유를 거절할 때는 먼저 Thanks.나 Thank you.라고 답한 후, 거절 의사를 밝히는 것이 좋다. Thanks, but ~은 '고맙지만 ~'이란 뜻으로 거절할 때 첫 마디로 많이 꺼내는 표현이니 묶어서 기억해 두자. '배불러'라고 할 때는 '가득 찬'이라는 뜻의 full을 써서 I'm full.이라고 하는데, 친한 사이에서는 '배가 꽉 찼어'라는 의미로 I'm stuffed.라고도 한다.

⑬ Oh, look at the time.

'벌써 시간이 이렇게 됐네'를 영어에서는 '시간 좀 봐'라고 표현한다. 상대방의 주의를 환기하고 싶을 때는 이처럼 동사 look을 써서 표현하는 경우가 많다. 비슷한 의미로 Is that the time?(벌써 시간이 저렇게 됐어?)과 It's getting late.(시간이 늦었네.)라는 표현도 많이 쓴다.

제법 시간이 늦었으니 집에 가야겠다.

꽤 늦은 시간이니 친구가 집에서 자고
가라고 권한다.

⑭ 이제 슬슬 가야겠어.

⑮ 정말 괜찮아?

집을 나오면서 즐거운 시간을 보냈다고
감사 인사를 하자.

다음에는 친구들을 우리 집에 초대해야지.

⑯ 고마워.
정말 즐거운 시간 보냈어.

⑰ 다음에는 우리 집에 놀러 와.

⑭ I should get going now.

집에 돌아갈 준비를 하며 쓰는 표현이다. 그냥 go라고 하는 대신 get going을 쓰면 '슬슬 가다'라는 어감을 표현할 수 있다. should는 '~해야 한다'라는 다소 강한 표현이므로 좀 더 부드럽게 말하고 싶다면 I think I should get going now.(이만 가 봐야 할 것 같아.)라고 해도 된다. leave(떠나다)를 써서 I have to leave now.라고 해도 좋다.

⑮ Are you sure?

> **Why don't you stay over?**
> 자고 가지 않을래?

sure는 '확실한, 확신하는'이라는 뜻이다. Are you sure?는 직역하면 '너 확신하니?'라는 뜻인데, '정말이야?' 하고 상대방이 한 말에 대해 재차 확인할 때 쓰는 표현이다. 또는 '괜찮겠어?'라는 의미로 You don't mind?라고 해도 좋다. '그럼 그렇게 할게'라고 상대방의 권유를 받아들일 때는 Then I think I will.이라고 답하면 된다.

⑯ Thank you. I had so much fun.

'즐거운 시간 보냈어'는 '재미있게 놀다'라는 뜻의 have fun의 과거형을 써서 I had so much fun.이라고 표현할 수 있다. I had a great[wonderful] time.이라고 말해도 좋다. It was a wonderful dinner.(멋진 저녁 식사였어.)도 집에 갈 때 곧잘 쓰는 인사말이다.

⑰ Next time, come to my house.

초대받은 집에서 나오면서 인사할 때는 다음 만남으로 이어지도록 우리 집에 초대하겠다는 뜻을 전달하는 것도 좋다. '다음'은 next time이라고 한다. Why don't you come over to my house next time?(다음에는 우리 집에 오면 어때?)이라고 말해도 좋다.

① 물 좀 줄래?

친구 집에 놀러 와서 한참 수다를 떨다 보니 목이 마르다.

① Can I get some water?

마실 것을 달라고 부탁할 때는 Can I get ~? (~을 얻을 수 있을까요?) 또는 Can I have ~?(~을 가질 수 있을까요?)를 활용해서 말해 보자. 둘 다 '~을 주시겠어요?'라고 정중하게 요청할 때 쓰는 표현이다.

② 이 요리 이름은 뭐야?

처음 먹어 보는 요리가 나왔다.
맛은 있는데 무슨 요리인지 궁금하다.

② What is this dish called?

한국어 문장을 그대로 직역해 What's the name of this dish?라고 해도 되지만 '~이라고 부르다[칭하다]'라는 뜻의 call을 활용해서 What is this dish called?라고 물어도 좋다.

③ 아니, 괜찮아.
나 운전해야 돼.

친구가 맥주를 권하는데, 아쉽게도 차를 가져 와서 술을 마실 수 없다.

③ No, thank you. I'm driving.

친구: **Do you want some beer?**
맥주 좀 마실래?

'운전할 것이다'는 가까운 미래를 나타내는 현재진행시제를 써서 I'm driving.이라고 말하면 된다.

❹ Can I have some more cake?

케이크를 좀 더 먹어도 될까?

후식으로 딸기 케이크가 나왔는데 아주 맛있다. 좀 더 먹었으면 좋겠다.

식사 중에 어떤 음식을 더 먹어도 될지 물어볼 때는 Can I have some more ~?로 '~을 좀 더 먹어도 되나요?'라고 물어보자. some more 가 '좀 더'라는 뜻이다.

❺ Thank you for the dinner.

저녁 잘 먹었어.

친구가 만들어 준 음식이 정말 맛있었다. 맛있게 잘 먹었다고 감사 인사를 하자.

영어에 '잘 먹었습니다'라는 인사는 없으므로 Thank you for ~.로 감사의 마음을 전하자. I really enjoyed it.(정말 맛있게 먹었어.) 또는 Everything was delicious.(전부 다 맛있었어.) 라고 식사 후 감사 인사를 해도 좋다.

❻ Thank you for having me today.

오늘 초대해 줘서 고마워.

초대받은 친구 집을 나서면서 감사 인사를 건네자.

'초대해 줘서 고마워'라고 할 때는 Thank you for having me[us].라고도 한다. 초대하면 일정 시간 동안 그 사람을 가진(have) 것이나 마찬가지이므로 이런 표현을 쓴다. 초대한 사람이 '와 줘서 좋았어'라고 할 때도 I enjoyed having you.라고 한다.

친구들을 초대했을 때

Having Friends Over

>>> **미션**

 외국인 친구들을 새로 이사한
집에 초대했다. 친구들에게 우리 집을
안내하고 직접 만든 음식을 대접하라!

>>> **미션 표현** 먼저 관련 표현을 챙겨라

☐ 들어오다 **come in**

☐ 선호하다 **prefer**

☐ 소파 **sofa**

☐ 테이블 **table**

☐ 유리잔 **glass**

☐ 컵 **cup**

☐ 코트 **coat**

☐ 샐러드 **salad**

☐ 케이크 **cake**

☐ 음료 **drink**

☐ 커피 **coffee**

☐ 차 **tea**

158

초대한 친구들이 집에 도착했다.
문을 열어 주자.

친구들이 고맙게도 선물로 와인을 들고 왔다.

❶ 안녕. 어서 들어 와.

❷ 앗, 그냥 와도 되는데.
고마워!

❶ Hi. Come in.

'안으로 들어 와'라는 뜻의 Come in.은 초대한 손님들을 맞이하면서 집 안으로 안내할 때 많이 쓰는 표현이다. Come on in.이라고 해도 좋다. 한국 사람들은 손님을 맞이하면서 '기다리고 있었어'라는 말도 많이 하는데, I was waiting for you.라고 말하면 '늦었잖아. 많이 기다렸어.'라는 의미로 들릴 수도 있으므로 주의하자.

❷ Oh, you didn't have to. Thank you!

Here, I brought some wine. 여기 와인을 좀 가지고 왔어.

'그냥 와도 되는데'는 '그럴(선물을 가져 올) 필요는 없었는데'라고 표현하면 된다. have to는 '~해야 한다'란 뜻이지만 don't have to는 '~할 필요가 없다'라는 뜻이다. You didn't have to do that.은 '그렇게 할 필요는 없었는데'라는 뜻인데, 끝의 do that은 생략 가능하다. You shouldn't have (done that).이라고 말해도 좋다.

열심히 치운다고 치웠는데 여전히
여기저기 어질러진 물건들이 보인다.

자리가 어색한지 멀뚱하게 서 있네.
편하게 있으라고 해야지.

3 미안. 방이 엉망이네.

4 다들 편히 있어.

우선 식사하기 전에 음료부터 대접하자.

B O N U S +

무더운 여름, 친구가 멀리서 놀러 왔다.
시원한 물부터 내오자.

Do you want a glass of water?
물 한 잔 마실래?

5 마실 것 좀 줄까?

❸ Sorry. It's a mess.

정리가 안 되어 있는 상태를 사과할 때 상투적으로 쓰는 표현이다. mess는 '지저분한 상태, 엉망진창인 상태'를 뜻한다. 아주 엉망진창까지는 아니라면 a bit of(조금)를 넣어 Sorry. It's a bit of a mess.(미안, 좀 엉망이네.)라고 말하면 된다.

❹ Make yourself at home.

직역하면 '너 자신을 집에 있는 것처럼 만들어라'가 되는데, '자기 집에 있는 것처럼 편하게 있어라'라는 의미이다. 초대한 손님을 집 안으로 안내하면서 소파나 의자에 앉아 편히 쉬고 있으라고 할 때 쓰는 표현이다. at home(집에) 대신 comfortable(편안한, 안락한)을 넣어 Make yourself comfortable.이라고 말해도 같은 뜻이 된다.

❺ Do you want something to drink?

'뭐 좀 마실래?'란 의미의 Do you want to drink something?이라고 해도 문법적으로 틀리지는 않지만 영어로는 something to drink(뭔가 마실 것)를 활용해 위 문장처럼 말하는 것이 더 자연스럽다. 친한 친구 사이라면 Do you want ~?로 물어봐도 괜찮지만, 좀 더 정중하게 물을 때는 Would you like something to drink?가 좋다. 아주 친한 사이에서는 간단하게 줄여서 Something to drink?라고만 해도 된다.

>>> 미션 힌트 미국의 집들이는 어떤 모습일까

한국의 집들이와 마찬가지로, 미국에서도 새로 이사한 집에 친구나 가족을 초대하는 housewarming party가 있다. 말 그대로 새 집(house)을 따뜻하게 맞는(warming) 파티라고 생각하면 이해하기 쉽다. 한국에서는 집들이에 초대받았을 때 두루마리 휴지나 세제 같은 생필품을 사 가는 경우가 많은데, 미국에서는 이런 물건 대신 파티에서 마실 수 있는 와인이나 작은 화분, 액자처럼 집을 꾸밀 수 있는 인테리어 소품을 선물하고는 한다.

가장 공들여 만든 갈비찜부터 친구에게
건네주자.

6 자, 여기.

드디어 준비한 음식을 모두 차려 놓았다.
친구들에게 많이 먹으라고 권하자.

7 마음껏 먹어.

한국 음식이 입에 맞을까 걱정했는데
다행히도 음식이 맛있다고 칭찬한다.

8 정말? 다행이다.

요리책을 보고 처음 만들어 본 요리인데
친구 표정이 좋지 않다. 실패한 것 같다.

9 미안. 그 요리 좀 망했어.

❻ Here you go.

뭔가를 건네주면서 '여기 있어'라고 할 때는 Here you go. 또는 Here you are. 라는 표현을 쓴다. 여기에 I hope you like it.(입에 맞으면 좋겠는데.)이라고 덧붙여도 좋다. 한편 뜨거운 음식을 내놓으면서 '뜨거우니까 조심해'라고 할 때는 Be careful. It's hot.이라고 한다.

❼ Help yourself to the food.

음식을 대접하면서 차려 놓은 음식을 '자유롭게 갖다 먹어'라고 말할 때 쓰는 표현이 Help yourself.이다. '~을 마음껏 먹어'라고 할 때는 뒤에 음식 이름을 넣어 'Help yourself to + 음식.'이라고 하면 된다. 마실 것에 대해서도 Help yourself to the wine.(와인을 맘껏 드세요.)처럼 말할 수 있다.

❽ Really? Good.

> It's delicious.
> 아주 맛있어.

'정말?' 하고 상대방이 한 말에 대해 반문할 때는 Really?라는 표현을 쓴다. 한편 Good.은 '좋아'라고 긍정적으로 답변할 때도 쓰지만 '다행이야'라고 안심했을 때도 쓸 수 있는 편리한 단어이다. good에는 '(음식이) 맛있는'이란 뜻도 있어서 '맛있어?'라고 물을 때도 Is it good?이라고 한다. 상대방이 음식에 대해 칭찬을 건넨다면 Thanks.라고 고마움을 표시해도 좋다.

❾ Sorry. It didn't turn out so well.

turn out well은 '잘되다, 좋은 결과가 나오다'라는 뜻인데, 음식을 생각했던 거와 달리 제대로 요리하지 못했을 때 '(요리가) 잘되지 않았다'라는 의미로 It didn't turn out so well.이란 표현을 쓴다. 아주 친한 친구 사이라면 I messed up.(망했어.)이라고 말해도 좋다.

어느새 친구의 술잔이 비었다.

에어컨을 너무 세게 돌렸는지 친구가
추운 모양이다.

⑩ 한 잔 더 줄까?

⑪ 춥니?

친구들이 순식간에 음식을 먹어 치웠다.
음식을 넉넉하게 만들어 놔서 다행이군.

식사가 끝난 후, 고맙게도 다 먹은 그릇을
정리해 주려고 한다.

⑫ 더 있어.

⑬ 괜찮아. 그냥 놔 둬.

⑩ Do you want another glass?

glass는 '유리잔'을 뜻하는 단어로, '(술) 한 잔 더'는 another glass라고 한다. 보다 정중하게 물어보려면 Would you like another glass?라고 하면 된다. '맥주 더 마실래?'라고 권할 때는 Do you want some more beer?라고 물어보자.

⑪ Are you cold?

'춥니?'는 Are you cold?(너 춥니?)라고 해도 되지만 Is it cold in here?(여기 방이 춥니?)라고 물어도 좋다. 이 뒤에 '에어컨을 꺼 줄까?'라고 묻고 싶다면 Do you want me to turn off the air conditioner?라고 하면 되고, '히터를 좀 틀까?'라고 묻고 싶다면 Do you want me to turn on the heater?라고 하면 된다. 전자제품을 '끄다'는 turn off, '켜다'는 turn on을 사용한다.

⑫ There's more.

'(음식이) 더 있어'는 '~이 있다'를 나타내는 There's[There is] ~. 구문을 사용하면 간단하게 표현할 수 있다. '한 그릇 더 줄까?'라고 물어보고 싶다면 Do you want more? 또는 Do you want another helping?이라고 말하면 된다.

⑬ It's okay. Just leave them.

Where should I put these?
이건 어디다 둘까?

leave에는 '떠나다', '출발하다'라는 뜻 외에도 '~을 그대로 놓아 두다'라는 의미가 있다. 그래서 '그거 그냥 놔 둬'라고 할 때 Just leave them.이라고 한다. 또는 I'll take care of it.(내가 정리할게.)이라고 말해도 좋다. take care of가 '~을 처리하다'라는 뜻이다.

설거지를 하고 있는데 친구들이 그릇을 가져다 주었다.

⑭   그거 나한테 줘.

친구가 서재에 있는 벼루를 보고 뭔지 궁금해 한다.

⑮   벼루라는 거 아니?

집에 가는 친구들을 배웅하러 나왔는데, 즐거웠다면서 나에게 감사인사를 한다.

⑯   와 줘서 고마워.

B O N U S +

친구를 배웅하면서 인사를 건네자.

I'm glad you could come.
네가 와 줘서 기뻐.

⑭ I'll take that.

'그거 나한테 줘'를 그대로 직역해서 Give me that.이라고 하면 '그거 나한테 빨리 넘겨'라는 딱딱한 명령처럼 들릴 가능성이 있다. '가져가다'란 뜻의 take를 활용해 I'll take that.(내가 그것을 가져가겠다.)이라고 하면 더 자연스러우면서도 부드러운 표현 이 된다.

⑮ Do you know what an inkstone is?

> **What's this?**
> 이건 뭐야?

어떤 사물에 대해서 '~이라는 거 알고 있어?'라고 질문할 때는 Do you know ~?가 아니라 Do you know what ~ is?라고 물어본다. '벼루'는 inkstone이라고 한다.

⑯ Thanks for coming.

> **Thank you. I had a great time.**
> 고마워. 즐거운 시간 보냈어.

친한 친구 사이에서 고마움을 표할 때는 Thank you.보다는 Thanks.를 일상적으로 더 많이 쓴다. '~해 줘서 고마워'는 'Thanks for + 동사ing.'로 표현한다. '와 줘서 고 마워'라는 뜻의 Thanks for coming.은 초대했던 상대를 배웅할 때 즐겨 쓰는 인사 말이다.

≫ 미션 힌트   음식을 각자 가져오는 potluck party

집에 손님을 초대할 때 가장 손이 많이 가는 건 여러 사람이 먹을 음식을 준비하는 일이다. 미국이나 캐나 다에서는 아예 초대받은 손님들이 각자 음식을 하나씩 준비해 오는 파티가 있는데 바로 potluck party(포 틀럭 파티)이다. potluck은 '(여러 사람들이) 각자 음식을 조금씩 가져 와서 나눠 먹는 식사'를 뜻한다. 집주 인 혼자서 음식을 장만할 필요가 없기 때문에 초대하는 입장에서는 음식을 준비하는 부담을 덜 수 있고, 초대받은 손님들도 다양한 음식을 맛볼 수 있어 일석이조이다.

①

코트는 나한테 줘.

우리집에 방문한 친구의 코트를 가져가서 옷걸이에 걸어 두자.

❶ Let me take your coat.

'내가 ~할게'라는 뜻의 Let me ~.를 써서 '코트는 내가 가져갈게'라고 말하면 된다. Can I take your coat?(코트를 가져가도 될까?)라고 물어봐도 좋다.

②

여기 앉아.

친구들을 거실로 안내해 소파에 앉으라고 권하자.

❷ Have a seat.

손님에게 소파나 의자 같은 곳을 가리키면서 '자리에 앉으세요'라고 안내할 때는 Have a seat.란 표현을 쓴다. Sit down.이라고 하면 명령조로 들리므로 잘 쓰지 않는다.

③

샐러드 좀 더 먹을래?

신경 써서 만든 연어 샐러드가 맛있었는지 금방 접시가 비었다.

❸ Do you want some more salad?

친구에게 어떤 음식을 더 권할 때는 Do you want some more ~?로 물어보자. 좀 더 정중하게 물을 때는 Would you like some more salad?라고 한다. salad(샐러드) 대신 cake(케이크), steak(스테이크) 같은 음식 이름을 넣어 물어보면 된다.

④ I'm glad you liked it.

맛있었다니 다행이야.

친구가 식사를 마치고 맛있게 잘 먹었다고
만족감을 표한다. 걱정했는데 다행이다.

친구: **I enjoyed the meal.**
맛있게 잘 먹었어.

I'm glad (that) ~.은 '~해서 다행이야', '~해서
기뻐'라는 뜻으로, 어떤 일에 대한 안도감이나
기쁨을 나타낼 때 쓴다. 참고로 I hope you like
it.은 '네가 좋아했으면 좋겠어'라고 미래의 희망
을 나타내는 말이니 헷갈리지 말자.

⑤ Which do you prefer, coffee or tea?

**커피랑 차 중에서
뭘 마실래?**

후식으로 커피와 차를 준비했는데 어떤 걸
마시고 싶으려나.

prefer는 '~을 (더) 좋아하다'라는 뜻이다. 'A와
B 중에서 어떤 게 더 좋아?'라고 둘 중 하나를
고르라고 할 때 Which do you prefer, A or B?
로 물어본다.

⑥ Come again.

또 놀러 와.

아쉽게도 이제 집에 가겠다고 한다.
친구들을 배웅하면서 인사를 건네자.

집에 초대한 손님들을 배웅하면서 '또 놀러 와'
라고 할 때 쓸 수 있는 표현이다. 또는 I hope
you come again.(또 놀러 오면 좋겠다.)이나
Come back soon.(조만간 또 와.)이라고 말하면
서 배웅해도 좋다.

친구들과 외식할 때

Dining Out with Friends

>>> 미션

 이번에는 밖에서 친구들과 모임을 가져 보자! 식당에서 친구들과 대화를 나누면서 즐겁게 식사하라!

>>> 미션 표현 먼저 관련 표현을 챙겨라

☐ 한잔하러 가다 **go for a drink**

☐ 주문하다 **order**

☐ 건네주다 **pass**

☐ (음식을) 나눠 먹다 **share**

☐ 한 입 먹다 **have a bite**

☐ 맛이 ~하다 **taste**

☐ 젓가락 **chopsticks**

☐ 후추 **pepper**

☐ 크기, 양 **size**

☐ (한 접시의) 요리 **dish**

☐ 약간 취한 **tipsy**

☐ 몹시 취한 **drunk**

한잔하고 싶은데, 같이 갈 사람 없으려나?
친구에게 같이 술을 마시자고 해 보자.

오늘의 요리가 맛있을 것 같은데 혼자서는
다 못 먹겠는걸.

❶ 한잔하러 갈래?

❷ 이거 둘이서 나눠 먹을래?

❶ Do you want to go for a drink?

친한 친구에게 어떤 일을 제안할 때는 'Do you want to + 동사?'로 말해 보자. '한잔하러 가다, 술 마시러 가다'는 go for a drink라고 한다. drink에는 '술, 주류'라는 뜻이 있는데 How about a drink after work?(퇴근하고 한잔 어때?)처럼 말할 수도 있다. 한편 '저녁 먹으러 갈래?'라고 제안할 때는 Do you want to have dinner?라고 하면 된다.

❷ Do you want to share this?

서양에서는 식당에서 음식을 나눠 먹는 일이 잘 없으므로, 외국인에게 음식을 같이 먹자고 하면 이상하게 생각할 수도 있다. 주문 전에 미리 'Do you want to + 동사?'로 친구에게 제안해 보자. '(음식을) 나눠 먹다'라고 할 때는 eat with 같은 표현을 쓰지 않고 share라는 동사 하나로 간단하게 표현할 수 있다.

나보고 건배하면서 한마디 해 보라고 한다.

3 우리의 우정을 위해 건배!

카~ 시원한 맥주를 쭉 들이키고 나서 한마디.

4 아, 정말 끝내주네.

친구한테 젓가락을 좀 집어 달라고 해야겠다.

5 젓가락 좀 건네줄래?

우왜! 주문한 스테이크가 나왔는데 눈이 휘둥그레질 정도로 양이 많다.

6 와, 이거 크기 좀 봐!

❸ Here's to our friendship!

건배할 때 Here's to ~!라고 하면 '~을 위하여 건배!'라는 의미가 된다. to 다음에는 our friendship(우리의 우정), our health(우리의 건강), your future(너의 미래), your happiness(너의 행복) 같은 말이 들어갈 수 있다. Here's to us!(우리를 위하여!)라는 건배사도 많이 쓴다. 참고로 잔을 부딪치면서 외치는 '건배!'는 Cheers!라고 한다.

❹ Ah, it doesn't get better than this.

술을 들이키고 나서 '좋다, 끝내준다'라고 할 때는 This is so good.이라고 해도 좋지만, It doesn't get better than this.라고 하면 내 기분을 더 실감나게 표현할 수 있다. 직역하면 '이보다 더 좋을 수는 없다'라는 의미인데, '최고이다'라는 뜻을 나타낸다.

❺ Would you pass me a pair of chopsticks?

젓가락이나 숟가락 같은 식기를 가져가려고 아무 말 없이 불쑥 손을 내미는 것은 매너에 어긋난다. 멀어서 손이 안 닿는 물건을 건네 달라고 부탁할 때는 Would[Could] you pass me ~?를 사용해서 부탁하자. 'pass + 사람 + 물건'의 형태로 '사람에게 물건을 건네주다'라는 뜻을 나타낸다. 이 표현을 써서 spoon(숟가락), fork(포크), cup(컵) 등의 물건을 건네 달라고 말할 수 있다. 한편 '젓가락'은 두 개가 짝이므로 복수로 chopsticks라고 하는데, 이 앞에 '한 쌍의'를 뜻하는 a pair of를 붙여 쓰는 경우가 많다.

❻ Wow, look at the size of that!

look(보다)과 size(크기) 부분을 강조해서 발음하면 더 느낌을 살릴 수 있다. look at ~은 '~을 보다'라는 뜻인데, 명령문 형태로 쓰면 '~을 좀 봐!'라고 감탄을 나타낼 수 있다. 예를 들어 '저 잘생긴 남자 좀 봐!'는 Look at that handsome man!이라고 한다.

여기 케이크가 엄청 맛있는 모양이다.
한 입만 달라고 할까?

7 한 입 먹어 봐도 돼?

친구가 다른 음식을 더 먹을지 물어보는데
배가 불러서 더 이상 못 먹겠다.

8 아냐, 이제 괜찮아.

신이 나서 술잔을 연거푸 들이키다 보니
술기운이 슬슬 올라온다.

9 나 살짝 취하는 것 같아.

친구가 계산대에서 저녁 식사 값을 자기가
계산하겠다고 한다.

10 아냐. 각자 나눠서 내자.

❼ Can I have a bite?

bite는 '깨물다'라는 뜻의 동사로 많이들 알고 있는데 a bite라고 명사로 쓰면 '(음식) 한 입'이란 뜻이 된다. have a bite는 '한 입 먹다'란 뜻으로, '한 입 먹어 봐도 돼?'를 Can I have a bite?라고 한다. 한편 마실 것을 두고 '한 모금 마셔 봐도 돼?'라고 할 때는 '(음료) 한 모금'을 뜻하는 a sip를 써서 Can I have a sip?라고 물어보자. have 대신 take를 써서 Can I take a bite[sip]?라고 해도 좋다.

❽ No, I'm good. Thanks.

> **Do you want some more?**
> 좀 더 먹을래?

거절할 때는 No, I'm fine.이라고 해도 되지만, 젊은 사람들끼리는 편한 자리에서 '이제 괜찮아'라는 뜻으로 I'm good.을 자주 쓴다. 이렇게 거절의 뜻을 밝힌 뒤에는 물어봐 줘서 고맙다는 의미로 Thanks.를 덧붙이면 부드럽게 들린다.

❾ I'm getting a little tipsy.

get 뒤에 형용사를 쓰면 '~한 상태가 되다'라는 뜻이 된다. '취한 상태가 되다', 즉 '취하다'라고 할 때 get drunk라고 하면 '몹시 취하다'라는 뜻이다. 기분 좋을 정도로 취한 상태를 말할 때는 get tipsy라고 하는데, 이 앞에 a little(조금, 약간)을 붙이면 더 살짝 취했다는 의미가 된다. I'm feeling a little tipsy.라고 해도 좋다.

❿ No, let's split it.

> **It's on me.**
> 내가 살게.

'계산을 나눠서 하다'는 split the bill이라고 한다. No, let's split it.이라고 했을 때 상대방이 No, I insist.라고 한다면 '아냐, 그냥 내가 낼게'라는 의미이므로 계속 거절하지 말고 호의를 받아들이자. 한편 '각자 나눠서 계산해도 될까?'라고 물어볼 때는 Do you think we can split it?이라고 한다.

---

❶
뭐 주문할래?

점심을 먹으려고 식당에 왔는데, 친구가
10분째 메뉴판을 들여다보고 있다.

❶ What are you going to order?

'주문하다'라는 뜻의 동사는 order이다. 앞으로
주문할 음식을 물어보는 것이므로 미래를 나타
내는 be going to를 써서 물어보자. 가까운 미
래를 나타내는 현재진행시제로 What are you
having?(뭐 먹을래?)이라고 물어봐도 좋다.

❷
이거 정말 맛있어.

주문한 파스타가 나와서 한 입 먹어 봤는데
맛이 정말 환상적이다.

❷ It tastes so good.

음식이 정말 맛있다고 칭찬할 때는 It's so
good. 또는 It's delicious.라고 해도 되지만,
'맛이 ~하다'라는 뜻의 taste를 써서 It tastes
so good.이라고 해도 좋다. 참고로 '맛이 달아'
는 It tastes sweet.라고 하며, '마늘 맛이 나'는
It tastes of garlic.이라고 한다.

❸
후추 좀 건네줄래?

스프에 후추를 뿌려 먹고 싶은데 후추통에
손이 안 닿는다.

❸ Would you pass me the pepper?

상대방 쪽에 있는 조미료를 건네 달라고 부탁할
때도 Would[Could] you pass me the ~?로
말하면 된다. pepper(후추), salt(소금), sugar(설
탕), vinegar(식초), red pepper powder(고춧가
루) 같은 다양한 조미료를 넣어 말해 보자.

④ **원샷!**

술자리가 무르익었다. 분위기를 타고 술을 쭉쭉 들이키자!

❹ Bottoms up!

건배하면서 '한 번에 들이켜라', 즉 '원샷해라'라고 말할 때는 Bottoms up!이란 표현을 쓴다. bottom은 '밑바닥'이란 뜻인데, 술잔을 밑바닥이 보일 정도로 위로 들어 한 번에 들이키라는 뜻이다.

⑤ **요리 하나 더 시킬까?**

주문한 음식을 다 먹었는데 살짝 부족한 느낌이 든다.

❺ Why don't we get one more dish?

친구에게 제안할 때는 '우리 ~하면 어때?'라고 가볍게 제안할 때 쓰는 Why don't we ~?를 활용해서 말해 보자. dish에는 '(한 접시의) 요리'라는 뜻이 있으며 '요리 하나 더 시키다'는 get one more dish라고 표현한다.

⑥ **내가 살게.**

지난번에 친구가 밥을 사 줬으니 오늘은 내가 한턱 쏴야겠다.

❻ It's on me.

식사를 마친 후 '내가 살게', '내가 계산할게'라고 할 때 가장 많이 쓰는 표현은 It's on me.이다. Dinner is on me.(내가 저녁 살게.)처럼 쓰기도 한다. 좀 더 정중하게 말할 때는 It's my treat.(내가 대접할게요.)라는 표현도 쓴다.

실제 상황!

일상대화가 만만해지는
미션 트레이닝

MP3

>>> 미션 Repeat!
실제로 내가 처해 있는 상황이라고 상상하면서 빈칸에 영어 표현을 쓰고 직접 말해 보자.
〈훈련하기〉 MP3를 들으면서 공부하면 금상첨화!

Scene 1 처음 만났을 때 ▶p.11

1

Hi. Nice _____.

▶ 안녕하세요. 잘 부탁 드립니다.

2

It's nice to

_____.

▶ 드디어 만나 뵙게 되네요.

3

By the way,

_____.

▶ 그건 그렇고, 저는 세나라고 합니다.

4

_____ Ms. Lee.

We _____.

▶ 이쪽은 이 씨입니다. 저와 같은 부서 선배예요.

I've heard a lot about you.

5 I'm Sena. _____.

▶ 저는 세나예요. 수미 씨와 같은 회사에 다니고 있어요.

6 _____, I hope.

▶ 좋은 이야기였으면 좋겠네요.

7 It was _____.

▶ 만나서 반가웠어요.

8 It was _____.
Take care.

▶ 이야기 나눠서 즐거웠어요. 잘 가요.

Scene 2 서로 알아갈 때 ▶p.19

9

_____ in Korea!

▶ 한국에서 즐거운 시간 보내세요!

1

_____ Sujin?

▶ 수진이와는 어떻게 알게 된 사이에요?

2

May I ask

_____?

▶ 어디에서 오셨어요?

I'm from Australia.

3

_____ Australia?

▶ 호주 어디에서 오셨는데요?

④

_____ to Korea?

▶ 한국에는 어떤 일로 오셨어요?

What do you do?

⑤

I work _____.

▶ 자동차 회사에 다녀요.

⑥

What do you
_____?

▶ 취미가 뭐예요?

What do you like to do?

⑦

_____
American dramas now.

▶ 요즘은 미국 드라마에 푹 빠져 있어요.

8 I'm a teacher.

_____?

▶ 전 교사예요. 그쪽 분은요?

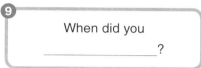

9 When did you

_____?

▶ 피아노는 언제부터 배우셨어요?

10 _____ are you in?

▶ 지금 몇 학년이에요?

11 Do you _____?

▶ 형제나 자매 있어요?

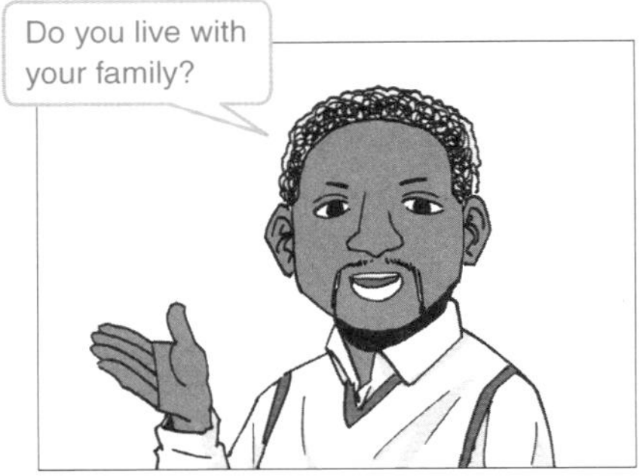

Do you live with your family?

⑫

_____ in Seoul.

▶ 서울에서 혼자 살고 있어요.

❶

Hi. _____?

▶ 안녕하세요. 잘 지내셨습니까?

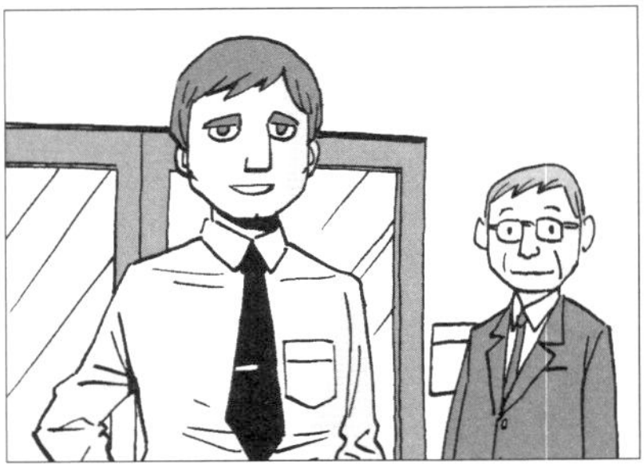

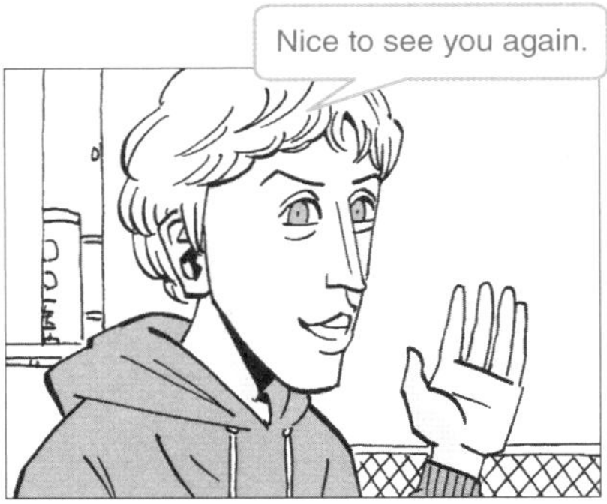

Nice to see you again.

❷

_____, too.

_____ doing?

▶ 나도 만나서 반가워. 잘 지냈어?

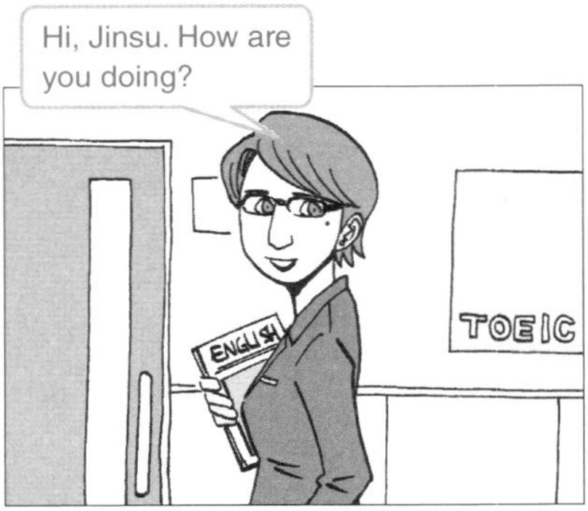

Hi, Jinsu. How are you doing?

❸

Hi, Ms. Miller.

_____. How are you?

▶ 안녕하세요, 밀러 선생님. 저는 잘 지내요.
선생님은요?

4

Did you _____?

▶ 머리 자르셨어요?

5

It's _____.
How have _____?

▶ 오랜만이야. 잘 지냈어?

> Hey, Jinsu.
> What's up?

6

 Not _____.

▶ 별일 없어.

7

Take _____.

▶ 잘 가.

8

Have a _____.

▶ 즐거운 저녁 시간 보내세요.

9

Drive _____.

▶ 조심해서 들어가.

Scene 4 되묻거나 말을 멈출 때 ▶ p.37

10

Good _____.

▶ 수고하셨습니다.

1

I'm sorry.
Could you _____?

▶ 죄송해요. 다시 한 번 말씀해 주시겠어요?

2

Could you _____?

▶ 조금만 더 천천히 말씀해 주시겠어요?

3

Could you _____?

▶ 좀 더 큰 소리로 말씀해 주시겠어요?

Can you recommend some tourist attractions?

4

Sorry. _____.

▶ 죄송해요. 먼저 말씀하세요.

5

Well... Let _____...

▶ 음… 그게요….

6
Uh... How do
_____?

▶ 어… 그걸 뭐라고 하더라?

1
_____.

▶ 당신 말이 맞아요.

2
That's _____.

▶ 그거 너무하네요.

3
Yeah, _____.

▶ 그래, 맞아.

188

I have to go back to the U.S.

4 Oh, _____?

▶ 앗, 어쩌다가요?

I'm thinking of quitting my job.

5 Are _____?

▶ 진심으로 하는 소리야?

Scene 6 감사를 표할 때 ▶ p.49

1 Thank you.

I _____.

▶ 고마워요. 정말 감사 드려요.

2 Thank you

_____.

▶ 도와줘서 고마워.

189

Do you want me to take care of that?

3

Thank you
_____.

▶ 오늘은 시간을 내 주셔서 감사합니다.

4

_____. Thanks.

▶ 그렇게 해 주면 나야 좋지. 고마워.

Thank you so much.

5

This is _____.

▶ 이건 내 고마움의 표시야.

6

No _____.

▶ 천만에요.

Scene 7 감상을 말할 때 ▶p.55

1 _____ it?

▶ 어때?

2 _____,
doesn't it?

▶ 저거 맛있어 보이지 않아?

How is your pasta?

3 It's _____.

▶ 그냥 평범한 맛이야.

How was the test?

4 _____.

▶ 그럭저럭 봤어.

5 It was _____.

▶ 진짜 무서웠어.

6 It's not _____.

▶ 소문만큼 맛집은 아니네.

7 Really? _____!

▶ 정말? 의외네!

8 _____ cute?

▶ 이거 귀엽지 않아?

9 How _____?

▶ 어때?

10 I don't know.
_____.

▶ 잘 모르겠어. 좀 아닌 것 같은데.

Scene 8 칭찬하거나 축하할 때 ▶ p.63

1 That's _____!

▶ 잘됐다!

2 That's _____!

▶ 대단하네요!

> I won these trophies back in college.

3

Wow! _____!

▶ 와! 대단하시네요!

> Here. I bought a new smartphone.

4

You're _____!

▶ 좋겠다!

> This is my brother George.

5

He's _____.

▶ 잘생겼네.

6

_____ a *hanbok*.

▶ 너한테 한복이 잘 어울려.

7

_____
about action figures.

▶ 정말 피규어에 대해 모르는 게 없네요.

8

Wow, _____!

▶ 와, 너 정말 잘한다!

You're the most beautiful woman I've ever met.

9

You're _____.

▶ 과찬이세요.

That was impressive.

10

No, _____.

▶ 아뇨, 별로 대단한 건 아니에요.

Scene 9 다른 사람을 배려할 때 ▶p.71

Do you have a few minutes?

I have to work this weekend.

1

Sure, _____?

▶ 물론이지. 무슨 안 좋은 일 있어?

2

That's _____.

▶ 그거 정말 안됐네요.

3

_____
life in Korea?

▶ 한국 생활에는 좀 익숙해지셨어요?

4

If you _____,
_____. Okay?

▶ 모르는 게 있으면 언제든지 물어보세요. 알겠죠?

Scene 10 부탁할 때 ▶ p.77

5

_____.

Don't _____.

▶ 괜찮아요. 신경 쓰지 마세요.

1

Can I _____?

▶ 전화 좀 써도 될까?

2

_____ for a second?

▶ 이거 잠깐 들고 있어 줄래?

3

Could you

_____?

▶ 내 재킷 좀 갖다 줄래요?

4

Would you mind
_____?

▶ TV 소리 좀 줄여 주면 안될까?

5

Would you mind
_____?

▶ 제가 나중에 다시 걸어도 괜찮을까요?

Scene 11 제안할 때 ▶ p.83

6

I was wondering
_____.

▶ 저 좀 도와주실 수 있을까요?

1

Wow! _____!

▶ 와! 좀 봐!

2
Do you want to
_____?

▶ 우리랑 같이 점심 먹을래요?

3
Would you like to
_____?

▶ 저희랑 오늘 저녁에 같이 식사하시겠어요?

4
I think _____.

▶ 코트 입는 게 좋을 것 같아.

5
Why don't you
_____?

▶ 병원에 가 보는 게 어떨까?

Do you wanna have lunch today?

6 _____ the teacher about it.

▶ 선생님과 상담해 보면 좋을 것 같아.

7  _____ great.

▶ 좋아.

Would you like to join us for dinner?

We're going to go snowboarding. Do you want to go?

8 I would _____ .

▶ 기꺼이 같이 가겠습니다.

9 Thanks, but

_____

▶ 고맙지만 사양할게.

10

I don't feel

_____.

▶ 오늘은 별로 밖에 나가고 싶지 않아.

11

I wish I could,

_____.

▶ 가고는 싶은데 일이 있어.

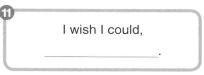

Scene 12 잡담할 때 ▶ p.93

12

I'm a _____.

▶ 나 노래 잘 못 해.

1

It's _____.

▶ 날씨 정말 좋네요.

2

_____ today.

▶ 오늘 진짜 습하네요.

3

The weather

_____.

▶ 날씨가 안 좋네요.

4

I wish _____.

▶ 비가 그쳤으면 좋겠어요.

5

It's taking _____.

▶ 엘리베이터가 진짜 안 오네요.

6

_____
Mr. Song lately?

▶ 송 대리와는 최근에 만나신 적 있으세요?

7

_____
for summer vacation?

▶ 여름 휴가 때는 어디 좀 다녀 오셨어요?

What did you do this weekend?

8

Nothing _____.
_____ all day.

▶ 별일은 없었어요. 집에서 하루 종일 뒹굴었어요.

What did you do yesterday?

9

_____
with my colleagues.

▶ 직장동료들과 한잔하러 갔어요.

1

I'm _____.

▶ 늦어서 죄송합니다.

2

Could I _____?

▶ 질문 하나 드려도 될까요?

Could you write the word on the whiteboard?

enviroment

3

_____ the spelling is correct.

▶ 철자가 맞는지 잘 모르겠어요.

4

When _____?

▶ 이거 언제까지 제출해야 하나요?

5

_____
at 2 p.m. today?

▶ 오늘은 2시에 조퇴해도 될까요?

6

I won't be able to

_____.

▶ 다음 주는 결석해야 할 것 같아요.

7

How do _____?

▶ 철자가 어떻게 되나요?

8

What _____?

▶ amiable은 무슨 뜻인가요?

205

9 _____ in my dictionary.

▶ 잠깐 사전 좀 찾아 보게 해 주세요.

10 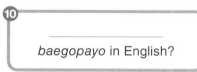 *baegopayo* in English?

▶ '배고파요'는 영어로 뭐라고 하나요?

11 Do you think _____?

▶ 영어 좀 확인해 주실 수 있을까요?

12 Does this expression _____?

▶ 이 표현은 자연스러운가요?

13
How do _____?

▶ 이건 어떻게 발음하나요?

14
_____
my English is wrong?

▶ 만약에 제 영어가 틀렸다면 그때마다 고쳐 주시겠어요?

Scene 14 공항에 마중 갈 때 ▶p.111

1
Did you _____?

▶ 비행기 여행은 편안하셨어요?

2
Are you _____?

▶ 그럼 출발하실까요?

3

_____ with your luggage.

▶ 짐 좀 들어 드릴게요.

4

_____ you came here?

▶ 지난번에 여기 오셨을 때가 언제였죠?

I was here on a business trip two years ago.

5

Where did you go _____?

▶ 지난번에 여기 오셨을 때는 어디에 가셨나요?

6

_____ in Korea?

▶ 언제까지 한국에 계실 예정인가요?

7

_____
to Seoul Station.

▶ 기차를 타고 서울역까지 갈 거예요.

8

Could you _____?
_____ the tickets.

▶ 잠깐 여기서 기다려 주시겠어요? 제가 표 사올게요.

I visited various places in Korea.

9

_____ you visited,
which one _____?

▶ 지금까지 간 곳 중에서 어디가 가장 좋으셨어요?

10

_____ an accident.
The train _____.

▶ 사고가 있었나 봐요. 잠깐 정차한다고 하네요.

11

It's _____.

▶ 다음 역에서 내릴 거예요.

12

Would you _____?

It's _____.

▶ 혹시 걸어가도 괜찮을까요? 10분 정도 걸릴 것 같은데요.

Scene 15 관광 계획을 세울 때 ▶p.121

1

_____ tomorrow morning.

▶ 내일 아침에 호텔로 모시러 가겠습니다.

2

Is there anywhere _____?

▶ 어디 가고 싶은 곳 있으세요?

3

_____
going to any temples?

▶ 절 같은 곳에 관심 있으세요?

How about renting a car?

4

Honestly, _____.

▶ 솔직히 말씀 드리면 별로 추천 드리고 싶지는 않아요.

I'd love to go here.

Myeongdong

5

Myeongdong is
_____.

▶ 명동은 이 시기에는 사람이 너무 많아요.

I'd love to go to Mt. Halla.

Mt.Halla

6

Mt. Halla is
_____.

▶ 한라산은 여기서는 좀 많이 멀어요.

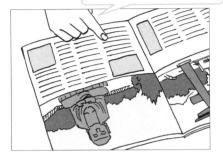

> I'd love to go to this temple.

7

It's _____.
Is _____ ?

▶ 약간 떨어져 있어요. 그래도 괜찮으세요?

8

_____
Gangnam.

▶ 강남을 좋아하실 것 같네요.

> I'd love to visit the Korean Folk Village.

9

Sure, _____.

▶ 좋아요, 그렇게 해요.

10

If you _____,
I _____.

▶ 혹시 초밥을 좋아하시면, 이 가게를 추천할게요.

Scene 16　한국을 안내할 때　▶p.129

1

I'm sorry.
I'm _____.

▶ 죄송해요. 10분 정도 늦을 것 같아요.

2

Did you _____?

▶ 어젯밤에는 잘 주무셨어요?

3

It's about _____.

▶ 여기서 30분 정도면 도착할 거예요.

4

Take _____.
That's the Sky Tower.

▶ 오른쪽을 보세요. 저게 스카이 타워예요.

213

⑤

Would you like to

_____?

▶ 휴게소에 잠깐 들를까요?

⑥

Do you _____?

▶ 시차 때문에 피곤하시죠?

⑦

_____.

▶ 도착했어요.

⑧

Actually, this is

_____.

▶ 사실은 저도 여기에 처음 와 봐요.

9

Would you like

_____?

▶ 제가 사진 찍어 드릴까요?

10

Would you like to

_____?

▶ 기념품 좀 사 가시겠어요?

11

Shall we _____?

▶ 슬슬 이동하실까요?

12

I'll _____.

What _____?

▶ 잠깐 마실 것 좀 사 올게요. 뭐가 좋으시겠어요?

13 Could you

_____?

▶ 제 가방 좀 봐 주시겠어요?

14 Why don't

_____?

▶ 잠깐 저기서 쉬었다 가시겠어요?

15 Are _____?

▶ 배고프지 않으세요?

16 Is there

_____?

▶ 뭔가 드시고 싶은 거 있으세요?

I'd like to try *naengmyeon*.

17

_____
Korean BBQ before?

▶ 전에 한국식 고기구이 드셔 보신 적 있으세요?

18

I know _____.

▶ 괜찮은 곳을 알고 있어요.

19

What _____?
Would you _____?

▶ 어떻게 할까요? 기다리시겠어요?

20

It's _____,
but _____.

▶ 고급스럽지는 않지만 맛있는 집이에요.

21

Are you _____?

▶ 주문하시겠어요?

22

You _____.

▶ 이건 꼭 드셔 보세요.

This is the first time
I have had this.

23

How _____?

▶ 어떠세요?

24

_____
for a moment.

▶ 잠깐 화장실 좀 다녀올게요.

25

Would you
_____?

▶ 그럼 일어나실까요?

How much do I owe you?

26

_____.
Please _____.

▶ 괜찮습니다. 신경 쓰지 마세요.

27

Would you like to
_____?

▶ 화장품 가게에 한번 가 보시겠어요?

28

Here. _____.

▶ 여기요. 선물이에요.

219

1

Thank you

_____.

▶ 오늘 초대해 줘서 고마워.

2

It's _____.

▶ 방이 아늑하네.

3

Here, I _____.

▶ 여기, 케이크를 좀 가져왔어.

Would you like something to drink?

4

I'd _____.

▶ 커피로 할게.

5

_____
with anything?

▶ 뭐 좀 도와줄까?

6

Wow, _____?

▶ 와, 이거 직접 만든 거야?

7

This _____.

▶ 이거 정말 맛있어.

8

Do you _____?

▶ 휴지 좀 있어?

9

No, _____.
I _____.

▶ 아니, 괜찮아. 나 술 못 마셔.

10

What's _____.

▶ 여기에는 뭐가 들어갔어?

11

May I _____?

▶ 화장실 좀 써도 될까?

12

Thanks, but

_____.

▶ 고맙지만 이제는 정말 배불러.

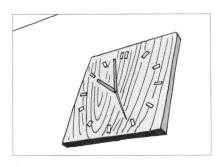

13

Oh, _____.

▶ 앗, 벌써 시간이 이렇게 됐네.

14

I should _____.

▶ 이제 슬슬 가야겠어.

Why don't you stay over?

15

Are _____?

▶ 정말 괜찮아?

16

Thank you.

I _____.

▶ 고마워. 정말 즐거운 시간 보냈어.

17

Next time,

_____.

▶ 다음에는 우리 집에 놀러 와.

Scene 18 친구들을 초대했을 때 ▶p.159

Here, I brought some wine.

1

Hi. _____.

▶ 안녕. 어서 들어 와.

2

Oh, _____.
Thank you!

▶ 앗, 그냥 와도 되는데. 고마워!

3

Sorry. _____.

▶ 미안. 방이 엉망이네.

4

Make _____.

▶ 다들 편히 있어.

5

Do you _____?

▶ 마실 것 좀 줄까?

6

Here _____.

▶ 자, 여기.

225

It's delicious.

7

_____ the food.

▶ 마음껏 먹어.

8

Really? _____.

▶ 정말? 다행이다.

9

Sorry. It didn't

_____.

▶ 미안. 그 요리 좀 망했어.

10

Do you _____?

▶ 한 잔 더 줄까?

11

Are _____?

▶ 춥니?

12

_____.

▶ 더 있어.

Where should I put these?

13

It's okay. _____.

▶ 괜찮아. 그냥 놔 둬.

14

I'll _____.

▶ 그거 나한테 줘.

What's this?

15
_____
an inkstone is?

▶ 벼루라는 거 아니?

Thank you. I had a great time.

16
Thanks _____.

▶ 와 줘서 고마워.

Scene 19 친구들과 외식할 때 ▶p.171

오늘의 요리
닭튀김
000원

생맥주

1
Do you
_____?

▶ 한잔하러 갈래?

2
Do you want
_____?

▶ 이거 둘이서 나눠 먹을래?

228

3

_____

our friendship!

▶ 우리의 우정을 위해 건배!

4

Ah, it doesn't

_____.

▶ 아, 정말 끝내주네.

5

Would you

_____?

▶ 젓가락 좀 건네줄래?

6

Wow, _____!

▶ 와, 이거 크기 좀 봐!

Do you want some more?

7

Can I _____?

▶ 한 입 먹어 봐도 돼?

8

No, _____.
Thanks.

▶ 아냐, 이제 괜찮아.

It's on me.

9

I'm _____.

▶ 나 살짝 취하는 것 같아.

10

No, _____.

▶ 아냐, 각자 나눠서 내자.

말하기가 쉬워지는

일상생활
필수패턴
22

>>> 미션 Repeat!
일상생활에서 가장 많이 쓰는 패턴 22개를 앞서 배운 문장과 함께 정리했다. 여기 나온 패턴만 잘
알아 두면 어떤 상황에 맞닥뜨리더라도 자신 있게 말할 수 있다!

I'm ~. 나는 ~입니다. / 나는 ~합니다.

나에 대해 말할 때는 I'm[I am] ~.으로 말해 보자. 'I'm + 명사.' 형태로 자기 이름이나 직업을 소개할 수 있으며, 'I'm + 형용사.' 형태로 자신의 상태나 감정을 상대방에게 전달할 수 있다. 현재진행시제인 'I'm + 동사ing.'로는 내 현재 상태나 미래의 예정에 대해 말할 수 있다.

By the way, I'm Sena. • 13
그건 그렇고, 저는 세나라고 합니다.

I'm Sena. I work with Sumi. • 13
저는 세나예요. 수미 씨와 같은 회사에 다니고 있어요.

I'm Sehun. Just call me Sam. • 16
저는 세훈이라고 합니다. 샘이라고 불러 주세요.

I'm a homemaker. • 20
저는 전업주부입니다.

I'm hooked on American dramas now. • 23
요즘은 미국 드라마에 푹 빠져 있어요.

I'm a teacher. How about you? • 23
전 교사예요. 그쪽 분은요?

No, I'm an only child. • 24
아뇨, 저는 외동이에요.

I'm majoring in Business. • 27
저는 경영학을 전공하고 있어요.

I'm doing good. • 31
저는 잘 지내요.

I'm happy to hear that. • 46
그거 잘 됐다.

Really? I'm surprised! • 59
정말? 의외네!

I'm so happy for you. • 62
그 말을 들으니 나도 정말 기뻐.

I'm so proud of you. • 62
네가 정말 자랑스러워.

I'm sorry to hear that. • 74
안됐구나.

I'm not in the mood to go shopping. • 88
쇼핑 갈 기분이 아니야.

I'm a bad singer. • 89
나 노래 잘 못 해.

I'm afraid I can't. I'm too busy. • 91
미안하지만 안 될 것 같아요. 너무 바빠서요.

I'm sorry I'm late. • 101
늦어서 죄송합니다.

I'm not sure if the spelling is correct. • 103
철자가 맞는지 잘 모르겠어요.

I'm running 10 minutes late. • 129
10분 정도 늦을 것 같아요.

Thanks, but I'm really full. • 153
고맙지만 이제는 정말 배불러.

No, thank you. I'm driving. • 156
아니, 괜찮아. 나 운전해야 돼.

I'm glad you could come. • 166
네가 와 줘서 기뻐.

I'm glad you liked it. • 169
맛있었다니 다행이야.

No, I'm good. Thanks. • 175
아냐, 이제 괜찮아.

I'm getting a little tipsy. • 175
나 살짝 취하는 것 같아.

필수패턴 02

You're ~. 당신은 ~입니다. / 당신은 ~합니다.

대화하고 있는 상대방에 대해 말할 때는 You're[You are] ~.로 말해 보자. 'You're + 명사/형용사.' 형태로 상대방을 칭찬하거나 상대방이 한 말에 동의를 나타낼 수 있다.

You're right. • 43
당신 말이 맞아요.

You're exactly right. • 47
정말이지 동감이야.

You're the best. • 62
네가 최고야.

You're so lucky! • 65
좋겠다!

Wow, you're good! • 67
와, 너 정말 잘한다!

Wow! You're a good cook! • 69
와! 너 요리 잘하는구나!

Are you ~? 당신은 ~인가요?

상대방에 대한 일을 물어볼 때는 Are you ~?를 활용하자. 특히 'Are you + 형용사?' 형태로 상대방의 상태를 확인할 수 있다.

Are you married? • 26
결혼하셨어요?

Are you serious? • 45
진심으로 하는 소리야?

Are you? • 46
그래?

Are you all right? • 70
괜찮아요?

Are you okay? • 74
괜찮아?

Are you interested in sports? • 99
스포츠에 관심 있어요?

Are you ready to go? • 111
그럼 출발하실까요?

Excuse me. **Are you** Ms. Smith? • 118
실례합니다. 스미스 씨 되시나요?

Are you hungry? • 137
배고프지 않으세요?

Are you ready to order? • 141
주문하시겠어요?

Are you sure? • 155
정말 괜찮아?

Are you cold? • 165
춥니?

It's ~. / It was ~. ~입니다. / ~이었습니다.

it은 한 번 대화에 등장했던 것을 가리키는 대명사이다. 무엇인가에 대한 감상을 물었을 때 현재에 대해서는 'It's + 형용사.', 과거에 대해서는 'It was + 형용사.'의 형태로 답한다. 한편 it은 시간, 거리, 날씨, 상황을 나타내는 문장의 주어로 쓰이기도 한다. 'It is ~ to + 동사.'의 형태로 '~하는 것은 …입니다'라는 뜻도 나타낸다.

It's nice to finally meet you. • 11
드디어 만나 뵙게 되네요.

It's okay. • 57
그냥 평범한 맛이야.

It's not as good as they say. • 57
소문만큼 맛집은 아니네.

No, **it's** nothing. • 67
아뇨, 별로 대단한 건 아니에요.

It's a great day. • 93
날씨 정말 좋네요.

It's really humid today. • 93
오늘 진짜 습하네요.

It's taking the elevator a long time. • 95
엘리베이터가 진짜 안 오네요.

It's cold today, isn't it? • 98
오늘 춥네요. 안 그래요?

It's getting chilly. • 98
날이 쌀쌀해졌네요.

It's the next stop. • 117
다음 역에서 내릴 거예요.

Would you mind walking? **It's** about 10 minutes. • 117
혹시 걸어가도 괜찮을까요? 10분 정도 걸릴 것 같은데요.

It's a little far. Is that okay? • 125
약간 떨어져 있어요. 그래도 괜찮으세요?

It's about 30 minutes from here. • 131
여기서 30분 정도면 도착할 거예요.

It's not fancy, but **it's** good. • 139
고급스럽지는 않지만 맛있는 집이에요.

It's okay. Please don't worry about it. • 143
괜찮습니다. 신경 쓰지 마세요.

It's a cozy room. • 147
방이 아늑하네.

Sorry. **It's** a mess. • 161
미안. 방이 엉망이네.

It's okay. Just leave them. • 165
괜찮아. 그냥 놔 둬.

It's on me. • 177
내가 살게.

It was nice meeting you. • 15
만나서 반가웠어요.

It was nice talking to you. • 15
이야기 나눠서 즐거웠어요.

It was my pleasure. • 53
도움이 돼서 나도 기뻐.

It was really scary. • 57
진짜 무서웠어.

It was really exciting. • 61
엄청 흥미진진했어요.

필수패턴 05 **This is ~.** 이것은 ~입니다. / 이쪽은 ~입니다.

this는 가까이 있는 사물이나 사람을 가리키는 대명사이다. 'This is + 사물.'은 '이것은 ~입니다'라는 뜻으로, 눈앞에 있는 구체적인 사물에 대해 설명할 때 쓴다. 한편 'This is + 사람.'은 '이쪽 분은 ~입니다'라는 뜻으로 가까이 있는 사람을 소개할 때 쓴다.

This is Ms. Lee. • 13
이쪽은 이 씨입니다.

This is my friend Jinsu. • 17
이쪽은 제 친구 진수입니다.

This is a small token of my appreciation. • 51
이건 내 고마움의 표시야.

Actually, **this is** my first time here, too.
• 133
사실은 저도 여기에 처음 와 봐요.

This is my favorite place. • 138
여기가 제가 제일 좋아하는 가게예요.

Here. **This is** for you. • 143
여기요. 선물이에요.

This is delicious. • 151
이거 정말 맛있어.

That's ~. 저것은 ~입니다. / 그것은 ~이군요.

that은 '저것'이라는 뜻으로 멀리 있는 대상을 가리키기도 하지만, '상대가 지금 말하는 대상' 전체를 가리키기도 한다. 'That's + 형용사.'의 형태로 '그것은 ~이군요'처럼 상대방이 방금 말한 내용에 대한 감상을 전할 수도 있다.

That's right. • 42
맞아요.

That's true. • 42
정말 그래요.

That's awful. • 43
그거 너무하네요.

Thank you. **That's** very kind of you. • 53
고맙습니다. 정말 친절하시군요.

That's great! • 63
잘됐다!

That's amazing! • 63
대단하네요!

That's too bad. • 71
그거 정말 안됐네요.

That's okay. Don't worry about it. • 73
괜찮아요. 신경 쓰지 마세요.

That's a good idea. • 91
좋은 생각이야.

That's the Sky Tower. • 131
저게 스카이 타워예요.

I'll ~. 제가 ~할게요.

will은 '(미래에) ~할 생각이다'라는 의사를 표현하는 조동사이다. '제가 ~할게요'처럼 상대방에게 어떤 일을 제안할 때도 I will ~.을 많이 쓴다. 줄여서 I'll ~.이라고 말할 수 있다.

Thanks, but I think **I'll** pass. • 87
고맙지만 사양할게.

I'll go get the tickets. • 115
제가 표 사 올게요.

I'll give you a ride to your hotel. • 119
제가 호텔까지 태워다 드릴게요.

I'll pick you up at the hotel tomorrow morning. • 121
내일 아침에 호텔로 모시러 가겠습니다.

I'll go get some drinks. • 135
잠깐 마실 것 좀 사 올게요.

I'll take that. • 167
그거 나한테 줘.

Let's ~. ~합시다.

Let's ~.는 Let us ~.의 줄임말로 '(우리 같이) ~합시다'라고 가볍게 권유할 때 쓰는 말이다. 일반적인 말투이므로 다소 억지스럽게 들릴 수도 있으니 주의하자. 뒤에는 동사원형이 온다.

Let's go shopping. • 90
우리 쇼핑하러 가자.

Sure, let's do that. • 125
좋아요, 그렇게 해요.

No, **let's** split it. • 175
아냐. 각자 나눠서 내자.

Let me ~. 내가 ~하게 해 주세요.

Let me ~.는 직역하면 '내가 ~하게 해 주세요'라는 뜻인데, '내가 ~할게요'라고 정중하게 제안할 때도 이렇게 말한다. Let's ~.와 마찬가지로 뒤에는 동사원형이 온다.

Well... **Let me** see... • 39
음… 그게요….

Let me know if there's anything I can do. • 70
내가 할 수 있는 일이 있으면 알려 주세요.

Let me look it up in my dictionary. • 105
잠깐 사전 좀 찾아 보게 해 주세요.

Let me help you with your luggage.
• 113
짐 좀 들어 드릴게요.

Let me take your coat. • 168
코트는 나한테 줘.

Can I ~? ~해도 될까요?

Can I ~?는 '~해도 될까요?'라는 의미로, 가벼운 부탁을 할 때 쓰는 가장 기본적인 표현이다. 더 정 중하게 물을 때는 Could I ~? 또는 May I ~?를 사용한다.

Can I use your phone? • 77
전화 좀 써도 될까?

If you don't mind, **can I** turn off the heater? • 81
괜찮으시다면 히터를 꺼도 될까요?

Can I help you with anything? • 149
뭐 좀 도와줄까?

Can I get some water? • 156
물 좀 줄래?

Can I have some more cakes? • 157
케이크를 좀 더 먹어도 될까?

Can I have a bite? • 175
한 입 먹어 봐도 돼?

May I ~? ~해도 될까요?

May I ~?는 '~해도 될까요?'라는 의미로 정중하게 허락을 구하는 표현이다. 처음 만나는 사람이나 윗사람에게 주로 쓰는 표현인데, 아는 사이라도 좀 더 정중하게 부탁하고 싶을 때는 Can I ~? 대신 에 May I ~? 또는 Could I ~?를 사용하자.

I'm sorry. **May I** have your name again, please? • 17
죄송하지만 성함을 한 번 더 알려 주시겠어요?

May I ask where you're from? • 19
어디에서 오셨어요?

May I borrow some money? • 81
돈 좀 빌릴 수 있을까요?

May I use the bathroom? • 153
화장실 좀 써도 될까?

'~해 주시겠어요?'처럼 정중하게 부탁할 때는 Could you ~?를 쓴다. 좀 더 가벼운 부탁을 할 때는 Could you ~? 대신 Can you ~?로 말한다.

Could you say that again, please? • 37
다시 한 번 말씀해 주시겠어요?

Could you speak a little more slowly, please? • 37
조금만 더 천천히 말씀해 주시겠어요?

Could you speak a little louder, please? • 39
좀 더 큰 소리로 말씀해 주시겠어요?

Could you be more specific, please? • 41
좀 더 자세히 설명해 주시겠어요?

Could you get my jacket, please? • 79
내 재킷 좀 갖다 줄래요?

Could you do me a favor? • 80
부탁 하나만 해도 될까?

Could you help me with my homework? • 80
내 숙제 좀 도와줄래?

Could you correct me whenever my English is wrong? • 107
만약에 제 영어가 틀렸다면 그때마다 고쳐 주시겠어요?

Could you explain this part again? • 109
이 부분을 다시 한 번 설명해 주시겠어요?

Could you give me some examples? • 109
예를 몇 개만 들어 주시겠어요?

Could you wait here for a second? • 115
잠깐 여기서 기다려 주시겠어요?

Could you keep an eye on my bag, please? • 135
제 가방 좀 봐 주시겠어요?

Would you mind ~? ~해도 괜찮으신가요?

mind는 '싫어하다, 꺼리다'라는 뜻으로, Would you mind ~?는 '~한다면 곤란하신가요?', '~해도 괜찮으신가요?'라는 뜻의 표현이다. 상대방이 싫어할 수도 있는 일에 대해 조심스럽게 허가를 구하거나 부탁할 때 쓴다. 뒤에 동사ing 또는 if절이 올 수 있다.

Would you mind turning down the TV? • 79
TV 소리 좀 줄여 주면 안될까?

Would you mind if I called you back? • 79
제가 나중에 다시 걸어도 괜찮을까요?

Would you mind walking? • 117
혹시 걸어가도 괜찮을까요?

Do you want (to) ~? ~은 어떠신가요? / ~하시겠어요?

want는 '원하다'라는 뜻으로, 'Do you want + 명사?'는 '~을 원하시나요?', 'Do you want to + 동사'는 '~하고 싶으신가요?'라는 뜻이다. '~은 어떠신가요?', '~하시겠어요?'라고 가볍게 권유할 때 자주 쓰는 표현이다.

Do you want to have lunch with us? • 83
우리랑 같이 점심 먹을래요?

Do you want a glass of water? • 160
물 한 잔 마실래?

Do you want something to drink? • 161
마실 것 좀 줄까?

Do you want another glass? • 165
한 잔 더 줄까?

Do you want some more salad? • 168
샐러드 좀 더 먹을래?

Do you want to go for a drink? • 171
한잔하러 갈래?

Do you want to share this? • 171
이거 둘이서 나눠 먹을래?

Would you like to ~? ~하시겠어요?

손윗사람에게 '~하시겠어요?'라고 어떤 일을 권할 때는 Do you want to ~?의 정중한 형태인 Would you like to ~?로 말해 보자. '제가 ~해 드릴까요?'라고 제안할 때는 me를 넣어 Would you like me to ~?로 말한다.

Would you like to join us for dinner tonight? • 85
저희랑 오늘 저녁에 같이 식사하시겠어요?

Would you like to go see the fish market? • 126
수산시장을 보러 가실래요?

Would you like to make a stop at the service area? • 131
휴게소에 잠깐 들를까요?

Would you like me to take your picture? • 133
제가 사진 찍어 드릴까요?

Would you like to get a souvenir? • 133
기념품 좀 사 가시겠어요?

Would you like to wait? • 139
기다리시겠어요?

Would you like to go? • 143
그럼 일어나실까요?

Would you like to take a look at a cosmetics shop? • 143
화장품 가게에 한번 가 보시겠어요?

What ~? 무엇이 ~?

What은 '무엇'이라는 뜻이며, 'What + 명사'는 '무슨 ~'이라는 뜻을 나타낸다. What's[What is] ~? 는 '~은 무엇인가요?'라는 뜻이며, 'What do[did] you + 동사?'는 '당신은 무엇을 ~합니까[했습니까?'라는 뜻이 된다. 한편 'What + 일반동사?'는 '무엇이 ~을 하였나요?'라는 의미이다.

What brought you to Korea? • 21
한국에는 어떤 일로 오셨어요?

What do you do in your free time? • 23
취미가 뭐예요?

What year are you in? • 25
지금 몇 학년이에요?

What do you do for a living? • 26
직업이 어떻게 되세요?

What's your major? • 27
전공이 뭐예요?

What's your sign? • 27
별자리가 뭐예요?

What does that mean? • 41
그게 무슨 뜻이야?

What do you think? • 60
어떻게 생각하세요?

Sure, **what**'s wrong? • 71
물론이지. 무슨 안 좋은 일 있어?

What's the weather forecast for tomorrow? • 94
내일은 일기예보가 어때요?

What does "amiable" mean? • 105
amiable은 무슨 뜻인가요?

What's the difference between "store" and "shop"? • 109
store와 shop의 차이는 무엇인가요?

I'll go get some drinks. **What** would you like? • 135
잠깐 마실 것 좀 사 올게요. 뭐가 좋으시겠어요?

What do you think? Would you like to wait? • 139
어떻게 할까요? 기다리시겠어요?

What's inside? • 153
여기에는 뭐가 들어갔어?

What is this dish called? • 156
이 요리 이름은 뭐야?

What are you going to order? • 176
뭐 주문할래?

How ~? 어떻게 ~?

How는 '어떤' '어떻게' '어떻게 하여'라는 뜻이며 상태나 감상, 방법 등을 물어볼 때 쓴다. 한편 How about ~?은 '~은 어때요?'라고 가볍게 뭔가를 제안할 때 쓴다.

How do you know Sujin? • 19
수진이와는 어떻게 알게 된 사이에요?

I'm a teacher. **How** about you? • 23
전 교사예요. 그쪽 분은요?

Hi. **How** are you? • 29
안녕하세요. 잘 지내셨습니까?

How are you doing? • 29
잘 지냈어?

Hi, Ms. Miller. I'm doing good. **How** are you? • 31
안녕하세요, 밀러 선생님. 저는 잘 지내요. 선생님은요?

How have you been? • 31
잘 지냈어?

How's school? • 34
학교는 좀 어때?

How's work? • 34
일은 좀 어떠세요?

Uh... **How** do I say it? • 39
어… 그걸 뭐라고 하더라?

Oh, **how** come? • 45
앗, 어쩌다가요?

How is it? • 55
어때?

How do I look? • 59
어때?

How about going to the beach? • 91
해변에 가는 건 어때?

How do you spell that? • 105
철자가 어떻게 되나요?

How do you say *baegopayo* in English? • 105
'배고파요'는 영어로 뭐라고 하나요?

How do you pronounce this? • 107
이건 어떻게 발음하나요?

How am I doing in class? • 108
제가 수업에서 잘하고 있는 건가요?

How about watching a Korean traditional performance? • 126
한국의 전통 공연을 관람하시는 건 어때요?

How did you like it? • 141
어떠세요?

Thank you for ~. / Thanks for ~. ~이 고맙습니다.

'고맙습니다'라고 감사를 표할 때는 Thank you. 또는 Thanks.로 말한다. 뒤에 'for + 명사'가 오면
'~이 고맙습니다', 뒤에 'for + 동사ing'가 오면 '~해 주셔서 고맙습니다'라는 뜻이 된다.

Thank you for helping me. • 49
도와줘서 고마워.

Thank you for your time today. • 51
오늘은 시간을 내 주셔서 감사합니다.

Thank you for inviting me today. • 147
오늘 초대해 줘서 고마워.

Thank you for the dinner. • 157
저녁 잘 먹었어.

Thank you for having me today. • 157
오늘 초대해 줘서 고마워.

Thanks for the delicious dinner. • 52
맛있는 저녁식사를 대접해 줘서 고마워.

Thanks for inviting me today. • 52
오늘은 불러 줘서 고마워.

Thanks for coming. • 167
와 줘서 고마워.

I'm sorry. / Sorry. 미안합니다.

I'm sorry.는 '미안합니다'라고 사과할 때뿐만 아니라, '안타깝게 생각합니다'처럼 상대방을 위로할 때도 쓴다. 또한 상대에게 한 번 더 말해 달라고 부탁할 때도 쓴다. 친구 사이에서는 간단하게 Sorry. 라고만 해도 좋다.

I'm sorry. May I have your name again, please? • 17
죄송하지만 성함을 한 번 더 알려 주시겠어요?

I'm sorry. Could you say that again, please? • 37
죄송해요. 다시 한 번 말씀해 주시겠어요?

I'm sorry to hear that. • 46
안됐구나.

I'm sorry I'm late. • 101
늦어서 죄송합니다.

I'm sorry. I can't make it to class today. • 108
죄송한데 오늘은 수업에 못 갈 것 같아요.

I'm sorry. I'm running 10 minutes late. • 129
죄송해요. 10분 정도 늦을 것 같아요.

Sorry. Go ahead. • 39
죄송해요. 먼저 말씀하세요.

Sorry. I didn't catch what you just said. • 40
죄송해요. 방금 말씀하신 걸 잘 못 알아들었어요.

Sorry. It's a mess. • 161
미안. 방이 엉망이네.

Sorry. It didn't turn out so well. • 163
미안. 그 요리 좀 망했어.

동사 ~. ~하세요. / ~해 주세요.

동사로 시작하는 명령문은 '~하세요' 같은 지시를 나타낼 때뿐만 아니라, '~해 주세요'라고 권하거나 제안할 때, 하는 법을 가르쳐 줄 때, 그리고 상대방을 격려할 때도 사용할 수 있다. 말하는 내용이 상대방에게 이익이 되는 내용이라면 please를 붙이지 않더라도 딱히 실례가 되지 않는다. 반면, 부탁할 때는 please를 붙였다고 해도 아주 정중하게 들리지는 않으므로 주의하자.

Enjoy your stay in Korea! • 15
한국에서 즐거운 시간 보내세요!

I'm Sehun. Just **call** me Sam. • 16
저는 세훈이라고 합니다. 샘이라고 불러 주세요.

Have a good night. • 33
즐거운 저녁 시간 보내세요.

Drive safely. • 33
조심해서 들어가.

Have a good weekend. • 34
즐거운 주말 보내.

See you around. • 35
그럼 또 보자.

Please **say** hello to Jane for me. • 35
제인에게 안부 좀 전해 줘.

Go ahead. • 39
먼저 말씀하세요.

Tell me about it. • 44
내 말이 그 말이야.

Cheer up! • 70
기운 내요!

If you have any questions, **ask** me anytime. Okay? • 73
모르는 게 있으면 언제든지 물어보세요. 알겠죠?

Take it easy. • 75
너무 무리하지 마세요.

Hold this for a second? • 77
이거 잠깐 들고 있어 줄래?

Please **open** the window. • 81
창문 좀 열어 줘.

Wow! **Look**! • 83
와! 좀 봐!

Take a look at your right. • 131
오른쪽을 보세요.

Please **excuse** me for a moment. • 141
잠깐 화장실 좀 다녀올게요.

Please **take** your time. • 144
천천히 보세요.

Please **stay** with me. • 144
저한테서 멀리 떨어지지 마세요.

Oh, **look** at the time. • 153
앗, 벌써 시간이 이렇게 됐네.

Next time, **come** to my house. • 155
다음에는 우리 집에 놀러 와.

Hi. **Come** in. • 159
안녕. 어서 들어 와.

Make yourself at home. • 161
다들 편히 있어.

Help yourself to the food. • 163
마음껏 먹어.

It's okay. Just **leave** them. • 165
괜찮아. 그냥 놔 둬.

Have a seat. • 168
여기 앉아.

Come again. • 169
또 놀러 와.

Wow, **look** at the size of that! • 173
와, 이거 크기 좀 봐!

필수패턴 21 look ~ ~해 보입니다.

'주어 + look + 형용사.'는 '주어는 ~해 보인다'라는 뜻으로, 겉으로 보이는 인상을 나타낼 때 쓰는 표현이다.

That **looks** good, doesn't it? • 55
저거 맛있어 보이지 않아?

You **look** great in a *hanbok*. • 65
너한테 한복이 잘 어울려.

You **look** a bit down. • 70
걱정스러워 보여요.

The weather doesn't **look** good. • 95
날씨가 안 좋네요.

필수패턴 22 sound ~ ~으로 들립니다.

sound는 '~으로 들리다'라는 뜻의 동사이다. 귀로 들은 일에 대해 '~인 것 같다'라고 감상을 전할 때 'sound + 형용사'로 말한다. sound like ~의 형태로 쓰기도 한다.

That **sounds** like fun. • 86
그거 재미있겠다.

Sounds great. • 87
좋아.

Does this expression **sound** natural? • 107
이 표현은 자연스러운가요?

일상에서 필요할 때 쓰는

영어표현
찾아보기

>>> 미션 Repeat!

일상에서 필요한 표현을 찾아볼 수 있도록 책에 나온 모든 표현을 상황별로 정리했다.
한국어 해석에 맞는 영어 표현을 해당 페이지에서 찾아 보자.

Scene 04
되묻거나 말을 멈출 때
Confirming or Pausing

Scene 06
감사를 표할 때
Expressing Gratitude

Scene 05
다른 사람 말에 반응할 때
Responding to Others

Scene 07
감상을 말할 때
Expressing Impressions

Scene 08
칭찬하거나 축하할 때
Giving Compliments and Congratulations

Scene 09
다른 사람을 배려할 때
Sympathizing with Others

Scene 10
부탁할 때
Making a Request

Scene 14
공항에 마중 갈 때
Picking Someone up at the Airport

Scene 15
관광 계획을 세울 때
Making Sightseeing Plans

Scene 16
한국을 안내할 때
Showing Someone around Korea

Scene 17
친구 집에 방문할 때
Visiting a Friend's House